FRAGMENS

HISTORIQUES

Sur les Etats-généraux en Lorraine; la forme de leur convocation; la maniere d'y délibérer les objets qui s'y traitoient.

M. DCC. LXXXVIII.

A MES COMPATRIOTES.

Vous avez daigné accueillir ma lettre à un prince allemand, sur les états, droits et usages en Lorraine ; ces fragmens historiques sont le tribut de ma reconnoissance : ils viennent à l'appui des faits indiqués dans cette lettre.

Les droits anciens de notre province furent ceux de toutes celles qui firent partie de l'empire.

La circonstance du moment donne à mon travail le seul mérite qu'il peut avoir. La plupart des monumens des états-généraux lorrains sont dilapidés ou anéantis. J'indique à mes compatriotes ce que j'en ai recueilli ; ce que j'en connois ; ce que je veux encore déposer à la bibliothèque publique de Nancy.

J'ai, autant que l'ai pu, fait parler les états même. Si, comme on le pense, cette méthode peut nuire au style, du moins il est constant que l'histoire y gagne : la vérité est sous la main de celui qui la lit.

Les notes indiqueront les sources où j'ai puisé. Quelques détails, embarrassans pour la narration, ont naturellement pris place dans ces notes.

A

Si dans ces fragmens je n'ai pu réunir tout ce qui a rapport aux privileges des anciens états de notre province, c'est que cette tâche étoit au-dessus de mes forces.

J'ose rouvrir une mine historique négligée : d'autres sauront la faire valoir. On me saura peut-être gré d'en avoir indiqué les filons.

DE MORY D'ELVANGE.

16 octobre 1788. *Guillotiné en 1794.*

FRAGMENS HISTORIQUES

Sur les états-généraux en Lorraine; la forme de leur convocation; la maniere d'y délibérer les objets qui s'y traitoient.

LA convocation des états-généraux, déterminée par sa majesté pour le premier mai prochain, fixe aujourd'hui l'espérance d'une grande nation. Un roi environné de ses peuples, rendant justice à leur amour pour lui, leur confiant avec franchise l'état désastreux où des erreurs successives dans les différens points de l'administration ont réduit son royaume, n'attendant que d'eux les secours que les circonstances exigent, les conseils qui peuvent rétablir l'ordre et la tranquillité, est un spectacle imposant. Il se prépare; il occupe aujourd'hui tous les esprits; il enflamme tous les cœurs françois.

Pour notre province, qui n'est que depuis un demi-siecle réunie à la France, qui par ses localités, par ses principes constitutifs, par son traité d'union, a droit à des réclamations particulieres, ce moment va faire époque.

Province d'empire ou duché héréditaire, la Lorraine, sous l'un ou l'autre de ces titres, eut jusqu'en 1629 ses états-généraux. Jusqu'à cette époque ils s'assemblerent annuellement, ou dans quelques circonstances particulieres de secours ou de besoin.

Les troubles du regne de Charles IV préparerent une nouvelle forme d'administration. Accablée sous le joug des armes, sous le poids du malheur jusqu'en 1699, la Lorraine avoit vu suspendre les plus beaux de ses droits, sans perdre l'espérance d'en jouir encore. Occupée de son bonheur sous les loix bienfaisantes de Léopold, elle n'eut pas le moment de penser à les réclamer. Cédée à la France en 1736 par l'empereur Charles VI, qui n'avoit aucun pouvoir sur elle (1), elle devint, par l'acquiescement du duc François III au traité de Vienne, province d'un grand royaume, au moment où elle y songeoit le moins.

La foi d'un traité devint sans notre aveu la loi du maintien de nos privileges. Cet événement surprit toute l'europe ; & , après cinquante ans, la surprise dure encore.

Si le pacte de notre réunion à la France fut dans son principe le fait du prince qui nous abandonna, notre acquiescement à ce traité s'est fixé au moment où nous avons réclamé les droits qu'il nous conserve ; au moment où sa majesté a cédé à nos justes réclamations.

Les égards du gouvernement, pour nos privileges, sont les vrais liens qui ont uni nos droits à ceux de la France. Ces liens vont se resserrer ; nous devons aujourd'hui, pour la premiere fois, prendre place parmi les représentans d'une grande nation ; nos intérêts particuliers vont se confondre avec son intérêt général. C'est à ce moment que nous allons librement nous déclarer françois. En nous appellant à ses états-généraux, la France confirme notre adoption ; en y envoyant nos députés, nous allons librement nous placer au rang de ses enfans. Ce mot dit beaucoup ; mais ce mot est la vérité.

Le gouvernement nous demande quelle étoit la forme de convocation des états-généraux de notre province ; quels y furent les représentans ; comment la nomination s'en faisoit ; quels furent les fonctions, les droits, les objets des délibérations de ces assemblées nationales ; quels seront nos vœux pour l'élection des députés aux états-généraux, que sa majesté accorde aux desirs de ses peuples.

Le temps et la guerre, ces deux fléaux destructeurs, ont anéanti ou dispersé la plus grande partie de nos monumens : essayons d'en rapprocher les fragmens ; à travers les ténebres d'une nuit de cent cinquante ans, cherchons les faits qui la précéderent ; soulevons un coin du voile qui les cache : mes compatriotes, plus instruits, feront mieux sans doute ; ils déchireront ce voile, et me sauront peut-être gré de mes recherches.

En Lorraine, comme dans tout l'empire, l'assemblée des états, pendant plusieurs siecles, ne connut que deux classes : la noblesse et les prélats.

Sous le nom de noblesse étoient compris MM. de l'ancienne chevalerie et les vassaux. Sous celui de vassaux on désignoit les gentilshommes qui n'étoient pas de l'ancienne chevalerie, ou les nobles possédant fiefs (2).

A l'assemblée des états, les prélats furent, pendant plusieurs siecles, placés au second rang. La preuve s'en trouve dans le serment du duc Nicolas à son entrée à Nancy; dans celui des états à ce prince (3); dans une liste de 1570, dans laquelle MM. de la noblesse désignent « ceux auxquels il est convenable d'écrire, pour « qu'ils se trouvent aux états qu'on doit tenir ». MM. les abbés du Chaumauzey, de Bouzonville, de Flabémont y sont nommés, après MM. de Salm de Beaucourt, de Créange, de Sailly, de Lignéville, de Bassompierre, &c. (4).

Dans la suite, par égard pour son caractere, le clergé fut mis au premier rang. Cet usage s'est maintenu jusqu'aux états de 1629, qui furent les derniers qu'on ait eus en Lorraine.

Les actes les plus anciens, qui attestent cette nouvelle détermination de rang, sont les procès-verbaux des rédactions de nos coutumes (5). Les lettres de confirmation, de privileges, depuis René I, paroissent indiquer que les premiers instans où cette prérogative fut admise en faveur du clergé, ne se portent pas au-delà de 1430. Dans l'assemblée du 13 décembre 1425, dans laquelle les états promirent à Isabelle la succession de son pere, le duc Charles II, aucun prélat n'est dénommé (6).

Avant le regne du duc Ferry III, c'est-à-dire, jusqu'à vers le milieu du treizieme siecle, le tiers-état étoit nul en Lorraine. Le peuple serf et propriétaire des seigneurs, des fiefs, ne devint citoyen que par la loi des affranchissemens (7). Les droits du peuple s'établirent au moment où il devint lui-même propriétaire. A cette époque il fut compté, il prit un rang : ce rang est attesté par les mêmes lettres de serment de nos ducs et de la noblesse, par celles de confirmation, de privileges (3 et 8).

Les états étoient toujours convoqués par l'autorité du duc; l'ordre, expédié dans une patente (9), étoit quelquefois adressé au procureur-général, qui la présentoit aux trois grands-baillis de Nancy, Vosges et Allemagne (10).

Les baillis, par lettres de commandement, enjoignoient aux sergens de leurs bailliages d'assigner au jour et heure fixés par les patentes du prince, tous ceux qui lui seroient désignés par le procureur-général (11). « Cet ajourne-
« ment se faisoit aussi à cris publics et affiches faits aux
« jours de marché et auditoires en chaque prévôté du
« bailliage (12) ».

Cette forme et cette marche se trouvent consignées dans les procès-verbaux de 1579, 1580, 1598, 1604, pour la rédaction des coutumes et style de Bar et St. Mihiel, Bassigny et Clermont : mais est-elle la seule qui ait été admise ; je ne connois encore aucun monument qui l'assure positivement. Une lettre de l'an 1569, dont l'original appartenoit à feu M. Dordelu, avocat à Nancy, peut faire croire que quelquefois la convocation se faisoit par simple lettre du sénéchal : elle est adressée à M. de Lutzbourg par le sénéchal du Châtelet, et conçue en ces termes :

« Monsieur de Lutzelbourg, vous faisons cette, pour
« que vous vous trouviez en l'état que doit être tenu en
« l'hôtel de monseigneur, notre souverain seigneur, ès
« premier jour de mars, et vous serat la présente pour
« que vous n'en ignoriés, ni que je suis monsieur de
« Lutzelbourg votre bon amy et serviteur (13).

Une lettre à-peu-près semblable, écrite le premier mars 1626, par M. le primat de Lenoncourt à M. l'abbé de Freistroff, vient à l'appui de cette conjecture ; la voici :

« M. de Freistroff, son altesse vous mande par les
« présentes que l'état s'ouvrira au vingtieme jour du
« présent mois de mars, ainssy qu'il avoit été dit au
« dernier par MM. des états ; de ce devéz avoir déja
« avis, à ce que je pense : ains comme pouriés bien ne
« l'avoir reçu, monseigneur m'ordonne de vous faire la
« présente. Croiés bien que je vous suis, M. de Freis-
« troff, votre très-serviteur. Ce premier mars 1626 (14) ».

Ces deux lettres semblent indiquer que MM. de la noblesse et du clergé avoient tous droits de se trouver aux états, en vertu de leur rang ou de leurs fiefs ; que les lettres qu'on leur écrivoit n'étoient que pour les avertir précisément du jour fixé pour leur ouverture. Le procès-verbal de la rédaction des coutumes de Lorraine laisse cependant quelque incertitude sur ce fait. MM. les ecclésiastiques n'y sont qu'au nombre de dix, et messieurs de la noblesse au nombre de soixante-un; ce qui paroît annoncer des représentans (15), les prélats étant beaucoup plus nombreux, et la liste des seuls gentilshommes de l'ancienne chevalerie, sans y comprendre les autres gentilshommes seigneurs de fiefs, allant à plus de deux cent quatre-vingt-dix (16).

Les actes d'assignations données par les sergens, en vertu de l'ordre du bailli, ne me sont pas connus; jusqu'à ce jour je n'en ai pu découvrir. N'étoient-ils destinés que pour la convocation des représentans du tiers-état? Les monumens se taisent sur ce fait.

Les lettres-patentes du souverain, adressées aux baillis, n'étoient pas une forme de rigueur; souvent le prince se bornoit à une simple lettre; la preuve s'en trouve dans celle que le grand duc Charles écrivit le premier mars 1560 à M. d'Harraucourt, bailli d'Allemagne.

« M. le baillif saurés par cette qu'avons résolu con-
« voquer MM. de nos états, pour entendre et déviser
« sur certains griefs que nous ont remis en l'état der-
« nier; à l'effet de quoy vous mandons que cette par
« vous reçue, vous ayés avertir de ce les gens d'église,
« vassaux, gens de la noblesse, et ceux du tiers-état
« que doivent y être ez vingtieme jour du courant,
« comme est d'usage, et en outre avertissant iceux en
« tant qu'est de droit que *pour iceux qui n'y seront ne*
« *seront attendus, mais sera passé outre*, comme sy
« étoient. Sur ce, dieu vous ait en sa garde, M. le bail-
« ly (17) ».

Ces lettres du prince ne se bornoient pas aux deux premiers ordres; il en adressoit quelquefois de semblables aux représentans du tiers: la preuve s'en voit dans celle qui fut écrite en 1624 aux habitans de Blainville-sur-l'Eau, pour leur annoncer que les états s'assembleroient le 20 novembre. Au dos est écrit : « A nos
« chiers et bien aimés les prévôts et habitans de la ville
« de Blainville (18) ».

Quant au fond, ces lettres different peu des patentes des 13 août 1571, 7 septembre 1579, et mars 1580, pour la convocation des états, pour la rédaction des coutumes de Saint-Mihiel, Bar et Bassigny. Leur but essentiel est de désigner le jour fixé par le prince, pour l'ouverture des états, et d'en instruire les trois ordres, ou leurs représentans qui devoient s'y trouver.

Sous le nom de gens d'église en Lorraine, on comprenoit les prieurs, abbés et prélats, et grands bénéficiers. De ce nombre, au rapport des procès-verbaux des états et des assises, étoient les prieurs de Flavigny, de Lay, du Breuil, de Varengéville, de Châtenois, de Villers, d'Amange, de St. Eucaire, les abbés de Chaumouzey, de Senones, de Belchamp, d'Estival, de Lunéville, de la Chalade, de Stulzbron, de Bonfey, de Bouzonville, de St. Mathieu de Trêves, de Tholey, de Metlock, de Freistroff, de Vadgasse, de Rosdling, de Vauchamp ; le prévôt de St. Georges, le chancelier de Remiremont, le primat de Nancy, le grand prévôt de St. Diez, le grand doyen de la primatiale, le prévôt de Marienflos.

Dans les procès-verbaux du Barrois et Bassigny, les grands-bénéficiers sont les abbés des Trois-Fontaines, de l'Isle du Barrois, de Notre-Dame d'Escure, de Jauviller, de Jeandeure de Beaulieu, le prieur de Rux aux nonain, de Dammarie, de St. Hilaire, d'Auzecourt, le commandeur de Braulx, les chapitres de St. Maxe, de St. Pierre, de Notre-Dame à Bar, les religieux de St. Antoine, l'official, les chanoines de Ligny, les augustins de Bar, le prieur de Sénaïde, les abbés de Flabemont, de Marimont, de St. Epvre; le commandeur de Robécourt, l'abbé de St. Mihiel, le prieur du Bourg Ste. Marie, les chanoines de la Mothe, les chapelains de Bourmont, les trinitaires de la Marche, le prieur de Marey, le chapitre de Ligny, l'abbé de Mureau ; de Claire-Fontaine, les prieurs de Fouchécourt et Gondrecourt, le chapelain de St. Blaise, l'évêque de Toul, &c.

Dans les états-généraux des rédactions des coutumes du Barrois, Bassigny, Clermontois, les curés furent appellés (19). Ce sont les seuls où ils paroissent avoir assisté : ils ne participèrent en rien à la rédaction de celles de Lorraine. Pour la noblesse MM. de l'ancienne chevalerie étoient accompagnés des autres gentilshommes et nobles possédant fiefs. À leur tête étoient les maréchaux de Lorraine et du Barrois, le chef des finances, les sénéchaux, le grand écuyer (20).

Dans le tiers étoient compris les magistrats, les officiers de justice, quoique nobles ou gentilshommes. A leur suite étoient les receveurs, contrôleurs et autres officiers des finances, les officiers des Sallines, les présidens et auditeurs des comptes, les maîtres aux requêtes, les conseillers du conseil du duc (21), les députés des villes. Dans les procès-verbaux du Barrois, on trouve encore au tiers-état les mayeurs des villages, accompagnés d'un seul, et quelquefois de trois députés : rien n'indique qu'en Lorraine ils y ayent été appellés.

Les ordres des prélats, des gentilshommes et fiefs nommoient-ils des représentans aux états ? aucun monument que je connoisse ne prononce affirmativement sur ce point d'histoire. Les expressions de la lettre du grand duc Charles au bailli qu'on a rappellé précédemment font présumer que tous les prélats, gentilshommes ou vassaux, qui par le rang de leurs familles ou leurs fiefs avoient droit à se trouver aux états, y assistoient ou s'en absentoient à leur volonté. Cette lettre porte ces mots : « *iceux qui n'y seront ne seront attendus*, mais « sera passé outre comme sy y étoient. » Dans les lettres de convocation données par René de Florainville, bailli de Bar, le 13 septembre 1572, la même clause se trouve « avec intimation que s'ils ne comparent sera « passé outre en leur absence, et sans plus les rappel-« ler. » Elle est suivie dans la convocation du Bassigny, 12 octobre 1580, et de St. Mihiel, 6 septembre 1571.

Cet avis aux prélats et seigneurs, qu'on passera outre en leur absence, annonce une liberté de présence qui ne peut être que pour ceux qui doivent traiter directement de leurs droits, de leurs intérêts personnels. Des représentans, des mandataires ne peuvent avoir la liberté d'assister ou non à des délibérations qui intéressent ceux qui les ont commis. Ajoutons à cela qu'aux états de 1619, il fut expressément réglé que les messagers portant mandemens aux vassaux, pour comparoître aux états, « ne se transporteront hors de la souveraine-« té de son altesse, mais aux lieux à raison desquels les-« dits vassaux sont convoqués (22). »

Pour l'ordre du tiers, l'histoire, comme nous l'avons dit, ne nous laisse aucune incertitude. Les magistrats, les officiers de judicature des villes, étoient les représentans nécessaires. Les mayeurs, les élus des villages, furent admis dans le Barrois. Si ce fait est particulier à cette partie de la souveraineté des ducs de Lorraine, le procès-verbal des coutumes de cette province nous en présente encore un autre de même espece, qu'on ne doit pas passer sous silence. L'assemblée générale des trois ordres ne dura que le temps qu'il fallut pour entendre la lecture qu'on fit des cahiers présentés pour être la base de la rédaction des coutumes ; chaque ordre, après cette lecture, nomma trois commissaires, et ces neuf délégués terminerent et discuterent entr'eux les articles qui étoient demeurés indécis ou susceptibles de modifications (23).

L'assemblée de nos états-généraux se réunissoit au palais du duc dans la salle qui alloit du château à la collégiale de St. Georges (24).

L'ouverture s'en faisoit par une harangue analogue aux désirs, aux demandes du duc, aux circonstances où se trouvoit la province ; elle étoit prononcée par un prélat ou par un gentilhomme qui le plus souvent étoit de la maison du prince (25).

Simonin de Pouilly, maréchal du Barrois, harangua l'assemblée des états-généraux du 2 mars 1626, exposa les dépenses que S. A. Charles IV avoit été obligé de faire « dès son abord à la couronne pour les garantir des
« inconvéniens qui leur auroient pu arriver, par le voi-
« sinage de plusieurs armées étrangeres, pourquoi faire
« elle auroit entretenu, comme elle entretient encore
« plusieurs levées de gens de guerre dans les places
« frontieres, en paiement desquelles après avoir employé
« tout ce qu'elle avoit du sien, et le peu de moyen de con-
« tinuer de son seul revenu ordinaire à cause des gran-
« des charges, dettes, engagemens de son domaine, elle
« auroit emprunté,.... dont S. A. se trouve fort arriérée,
« et sans espérance de se décharger sans l'assistance
« commune générale ». En second lieu, il y annonce que malgré les droits de succession au duché qui appartiennent à monseigneur son pere (François II, comte de Vau-

démont), en vertu de la masculinité du fief et du testament de Réné II, monseigneur le duc François auroit volontairement « cedé tous ses droits en faveur de S. A. à son fils ainé
« pour ne sortir de l'ordre de succession prescrit par le-
« dit testament, demeurant dans l'intention dudit sei-
« gneur roi assurer aussi long-temps la durée et conser-
« vation de sesdits états que leur maison même, et par-
« tant S. A. se confie que lesdits états contribueront vo.
« lontiers à maintenir la dignité et splendeur de sa cou-
« ronne et maison, puisqu'à icelle est attaché la conser-
« vation desdits états (26).

Les états étoient présidés par six personnes choisies dans les deux premiers ordres, trois prélats, trois gentilshommes. Ceux du 11 avril 1622 le furent par MM. de Lenoncourt, primat de Lorraine, de Lignéville, grand-prévôt de St. Diez, de Mitry, abbé de Bonfay, de Tornielle, de Lenoncourt, comte de Blainville et de Vannes, gouverneur de Toul (27).

Avant leur ouverture on dressoit des mémoires sous le titre de griefs. Par ces mémoires on demandoit au duc qu'il lui plût d'agréer telle loi, tel réglement qu'on jugeoit nécessaire, corriger tel abus, empêcher telle malversation, telle vexation, telle entreprise du procureur-général ou autres officiers de S. A. Ces écrits, concertés avant l'assemblée, rédigés pendant son cours, étoient recueillis par des commissaires tirés des deux premiers ordres; ils en formoient un cahier sur lequel chacun disoit son mot, « chacun y mettoit du sien, dit Guinet
« dans son mémoire (28) ».

Le titre de grief paroît réservé plus particulièrement aux plaintes des trois ordres contre les grandes entreprises du souverain ou de ses officiers, au détriment des privileges de la nation; les mots d'avis, d'observation, de proposition, d'articles, de remontrance, de réglement à faire s'employent par la noblesse dans des circonstances moins critiques. Le titre de requête se trouve rarement, et seulement dans quelques plaintes du tiers.

Les remontrances des deux premiers ordres s'adressoient toujours directement à S. A. La plupart de celles du tiers ont pour intitulé : « à MM. des états (29) ».

Les griefs étoient portés au duc par les députés des

états (30). Ces députés étoient pris exclusivement dans les deux premiers ordres; la preuve s'en trouve dans les procès-verbaux, et particulièrement dans celui des états du 20 mars 1626. Ils y furent au nombre de trois pour le clergé, savoir: MM. le primat, le prévôt de St. Diez et l'abbé de Flabémont; et de sept pour la noblesse: MM. de Tornielle, le Ringraff, d'Oberstein, de Marsan, de Harraucourt, de Seraucourt, d'Ancerville.

Le prince recevoit ces députés dans la chambre de son conseil; il répondoit aux griefs en marge ou au bas des articles mêmes. Le mot accordé donnoit définitivement force de loi à l'article de ces griefs à côté duquel il se lisoit. Les députés dressoient procès-verbal des demandes faites, et des réponses du duc.

Pour les griefs que le prince refusoit ou modifioit, il en donnoit la raison. Les états y répliquoient quelquefois par de nouveaux griefs présentés aux mêmes états ou au suivant, avec ce titre : « ce que n'a été accordé « et dont faut avoir radresse (31) ».

Si les états acceptoient le refus ou la modification, ils ne présentoient point de nouveaux griefs. Donnons une idée de ces actes par un de leurs articles.

« Griefs généraux de MM. des états convoqués à « Nancy le 13 mars 1600, pour présenter à S. A., et « autres présentés en l'état tenu le 5 mars 1607 ».

EN PREMIER.

« S. A. sera très-humblement suppliée de rechef de con-
« sidérer que la justice est l'appui principal sur lequel est
« fondé la tranquillité de la province ; que comme
« chose sainte et tant importante, elle doit être sainte-
« ment administrée ; qu'elle ne le peut étant rendue
« vénale et possédée par ceux qui l'ont à prix d'argent,
« et que pour but tendent à ses remboursés, prenant
« argument de ne la pouvoir départir qu'aux charges
« qu'ils la tiennent de votre altesse, laquelle à cette
« occasion sera supplié de vouloir à l'avenir suprimer
« la vénalité des offices de judicature et autres dépen-
« dants d'icelle, et en cas de vacquance en pouvoir

« ceux qui par leurs intégrité, science et mérite et non
« à prix et remont d'argent en seront dignes et ca-
« pables ».

Réponse de son altesse.

« Encore que la nécessité des affaires de S. A. l'aye
« poussé à la confiance desdits états, si et ce qu'elle n'a
« délaissé d'avoir le soin d'y pourvoir de gens capables
« et de réputation entière, même d'y préférer ceux de
« cette qualité, nonobstant qu'aux offres de ladite fin-
« nance plus avantageux et par occurence y en a aproin
« et institué sans finnance aucuns, dont seront foy les
« institutions dernières des lieutenans et procureurs
« généraux de Bar ; et étant déchargé de ses dettes au
« moyen des 300 mille francs accordés, elle est en vo-
« lonté de satisfaire du tout à ce dont elle est requis
« par cet article ».

Les états répliquent.

« Faut insister vers S. A. pour obtenir que les offi-
« ces de judicataire ne soient plus venaux (32) ».

Les griefs sur les levées de deniers que le prince demandoit, suivoient la même forme. Nous en donnerons
la preuve en détaillant les objets qui étoient traités dans
les délibérations des états.

Les procès-verbaux des états portoient le nom de
résultats, étoient toujours un extrait des griefs accordés;
ils étoient, ainsi que les griefs, signés par les maréchaux
de Lorraine et du Barrois. Errard du Châtelet et Simonin de Pouilly signèrent en 1626. Les résultats étoient
suivis d'ordonnances du souverain ; elles étoient intitu-
lées, ordonnances de S. A., sur la résolution des états.
On en trouve plusieurs imprimées dans les bibliothèques
de notre province. Sur le rang que les membres de chaque ordre tenoient entr'eux, il est difficile de donner
quelque chose de bien positif. Dans les procès-verbaux
lorrains, les ecclésiastiques semblent avoir suivi l'ancienneté de leurs bénéfices, ou celle de leurs maisons.
Les prélats des bailliages de Nancy et de Vosges qui y
sont dénommés, sont tous des gentilshommes ayant entrée aux assises (33).

Dans le Barrois il paroît incontestable que l'ancienneté du bénéfice étoit un titre de préséance. Aux états du Bassigni, en 1580, l'abbé de Marimond protesta sur ce que l'abbé de Flabémont avoit pris séance avant lui ; le motif de cette protestation fut que l'abbaye de Flabémont étoit la fille de celle de Marimond.

Pour la noblesse, dans plusieurs procès-verbaux, MM. de l'ancienne chevalerie semblent placés suivant le rang d'ancienneté prétendu par leurs maisons ; dans d'autres on entrevoit que l'âge et non le titre, ou l'ancienneté de la maison fixoit ce rang, du moins on peut le présumer, en y trouvant plusieurs gentilshommes de la même maison intercalés entre d'autres maisons (34). Les états de 1425 en fournissent la preuve, et ceux du Barrois rendent ma conjecture encore plus vraisemblable, les chevaliers, les nobles, les écuyers s'y trouvent placés pêle-mêle (35).

Pour le tiers-état, il est vraisemblable que les députés des villes suivoient entr'eux le rang de ces villes. Nous avons donné, d'après M. Guinet, temoin oculaire des faits qu'il raconte, l'ordre dans lequel se plaçoient les autres représentans.

Sur la maniere dont les voix se recueilloient nous ne connoissons aucuns faits. Ce point d'histoire peut piquer inutilement notre curiosité ; rien n'annonce qu'elle puisse être satisfaite. Lorsqu'on ne peut qu'établir des conjectures, il faut avoir le courage d'ignorer. Les détails sur les droits, sur les fonctions de nos assemblées nationales nous dédommageront de ce foible sacrifice.

En Lorraine, les états étoient tout : garans et soutiens des droits du souverain et de la nation, ils dirigeoient la conduite du prince, ils assuroient le bonheur des peuples, ils fixoient ce tendre attachement qu'ils eurent toujours pour leurs souverains, et que l'histoire dans ses fastes a mis au rang des caracteres distinctifs du lorrain.

Toutes les affaires importantes étoient soumises à la décision des états ; succession, tutelle du duché, loix, privileges, impôts, tels furent les objets de leurs assemblées, de leurs décisions.

Sans remonter au-delà de 1048, temps où la Lorraine

devint héréditaire ; sans nous appuyer de l'assemblée des états de cette province qui, en 870, accueillirent Charles le Chauve de préférence à Louis le Germanique, malgré lès menaces du pape Adrien II, et les droits apparens de Louis, en sa qualité d'héritier de son frere Lothaire ; sans parler de ceux de 928, dans lesquels les lorrains, incertains sur le choix d'un nouveau souverain, se fixerent à l'empereur Henri I ; de ceux de 1003, qui destinerent cette province à Eckart, Margrave de Misnie, en la refusant au duc de Baviere que l'empereur Othon protégeoit (36), il suffit de ne pas oublier, comme on l'a prouvé ailleurs (37), que ce furent les états qui, en 1070, en 1176, en 1425, en 1626, déciderent du droit de succession en faveur des ducs Thierry, Simond II, Isabelle fille de Charles II, et Charles IV ; que pour Isabelle poussant la précaution jusqu'à décider du cas où cette princesse perdroit son époux René I, sans en avoir d'enfans, les états parlant au duc Charles II, pere de cette princesse, prescrivirent « que si on la remarioit, « ou elle-même se remarioit, outre la volonté et sans le « sçû et propre consentement des trois états du duché, « princerie et seigneurie de Lorraine, c'est à savoir des « prélats d'église, des gentilshommes, des bourgeois « des bonnes villes du duché, princerie et seigneurie « de Lorraine, ou la plus grande partie des trois états, « en cestui cas et tantôt après cestuy mariage fait, tan- « rons-nous, notre dame Catherine sa sœur, pour vray « dame duchesse dudit duché, princerie et seigneurie « de Lorraine (38) ».

En 1212, Thibaut premier ayant été fait prisonnier par l'empereur Fréderic II, les états, persuadés de la haine implacable de l'empereur, crurent avoir perdu leur souverain, sans ressource ; son fils étoit enfant, ils penserent à élire un nouveau duc « et divise- « rent pour nouvel duc élire et fut messire de Gerbieller « que fut chef en les susdites assemblées esquelles se « trouva Huges sire de Lunéville (39) ».

Les régences, les tutelles des ducs, furent déférées ou confirmées par les états de Lorraine ; celles de Catherine de Limbourg en 1251, de Christine de Danemarck en 1545, en sont des preuves connues : ajoutons y que ce furent les états qui en 1508 fixerent la majorité du duc Antoine (40); qu'en 1431, après la bataille de Bulgnéville, dans laquelle René I avoit été fait prisonnier, ils nommerent six gentilshommes de l'ancienne chevalerie pour gouverner le duché (41); qu'en 1435, s'étant assemblé pour trouver les moyens de payer la rançon du duc, ils se cotiserent à l'envi, et qu'un chevalier, dont l'histoire eût dû nous conserver le nom, engagea toutes ses terres, et donna pour sa part dix-huit mille salus d'or, qui font à peu près 27000 liv. tournois (42).

Ce furent les états qui, en 1621, arrêterent les projets de la tendresse aveugle du duc Henri pour le bâtard d'Ancerville, auquel il vouloit donner sa fille ainée, et passer sa couronne : ils lui dirent « que pour le bien « de son peuple et pays, il luy plaise déclarer (ce qu'il « semble risquer ny avoir en ses justes intentions) que « cet état aura pour ses successeurs; ses plus proches héritiers de naissance et de parenté (43). »

A l'assemblée du 25 juin de la même année, le duc répondit par la proposition qu'il fit, et qui fut acquiescée, des mariages de sa fille ainée avec son neveu le fils ainé du comte de Vaudémont, et de la fille ainée de ce comte avec le favori qui venoit de prendre le titre de prince de Phaltzbourg (44).

Pour les loix, les états en déterminoient les objets; ils en proposoient les principes; ils en régloient les expressions. Le souverain les modifioit quelquefois ; mais toujours son aveu et sa sanction en précédoient la publication.

Ces grandes vérités se trouvent prouvées par tout ce qui nous reste des états des réglemens proposés, ou faits, des aides accordées ou refusées; ce sont là les deux objets principaux de toutes leurs délibérations. Rapprochons-en les faits épars, ce sera faire connoître leurs droits, leurs fonctions, et l'origine de quelques-unes de nos loix, de quelques-uns de nos usages.

En 1306, les états réglerent que les mésalliances des filles ou veuves, des gentilshommes, les priveroient de leur rang et noblesse, et qu'en cas de succession directe ou collatérale avenante à deux filles de gentilshommes, dont l'une seroit mésalliée, les fiefs passeroient

à

à celle qui seroit mariée convenablement (45). Les mêmes états, au rapport de Bournon dans ses coupures, réglerent que les enfans mâles du fils ainé du souverain seroient appellés à la succession, de préférence aux autres fils du duc, et déclarerent que c'étoit l'usage ancien.

En 1315, par ordonnance sur le fait des tabellions, ils leur défendirent de passer leurs actes dans les cabarets, foire ou marché; ils leur enjoignirent de choisir pour leur travail un lieu tranquille (46).

En 1390, ils déshériterent les filles de gentilshommes qui se marioient contre la volonté de leur pere ou freres. Ils déciderent « que, dans les salines de Rosieres,
« monseigneur seroit servi de préférance à touts autres,
« puis les baillifs de Nancy et de Vosges; que le sel se-
« roit vendu sec, à peine de 10 francs par muid contre
« le salineur; qu'en sel vendu aviendra à monseigneur
« deux part du prix (47) ».

En 1391, ils renouvellerent les réglemens anciens contre les voleurs de grains et autres fruits. Ils fixerent la recrue des bois en taillis à dix-huit ans. « Ils décide-
« rent que la femme qui quitteroit son mari pendant
« trois mois sans sa permission, seroit réputé *coureuse*,
« et mary en puissance de se pourter contre icelle, et sa
« dote échue au susdit, en lui donnant le vivre (48) ».

En 1392, l'autorité des seigneurs sur leurs serfs, et tous ceux qui dépendoient de leurs fiefs ou arrieres fiefs, fut maintenue par le réglement, qui établit que le duc ne pourroit les prendre sous sa défense contre le gré des seigneurs, à charge de réciprocité de leur part. La ville de Rozieres fut seule exceptée; et on put y recevoir en bourgeoisie tous ceux qui s'y présentoient (49).

En 1393, sur les plaintes de MM. de la chevalerie, ceux qui arrachoient les bornes des héritages durent être condamnés aux fouet et marque, puis au bannissement perpétuel. En 1497, ce réglement fut renouvellé; on y ajouta contre les seigneurs de fiefs, la peine d'indignation du prince (50).

Aux états de 1464 on s'opposa aux cotisations arbitraires que les officiers du prince prétendoient pouvoir faire quand il l'ordonneroit, et qu'ils vouloient asseoir sur les sujets de la noblesse. Il fut accordé que le duc n'en

B

avoit pas le droit; « que lui ne pourra cotiser aucun su-
« jet que du contentement des états (51) ».

Toutes les décisions des états suivans se conformerent non seulement à ce réglement, mais toutes les lettres de non-préjudice, dont on trouve les originaux aux chartres ou dans les bibliothèques lorraines, depuis le regne de la maison d'Anjou dans cette province, jusqu'à la premiere irruption de la France sur les duchés, posent ce principe, en font l'aveu; et, sans cet aveu, aucun aide général ni particulier n'étoit accordé.

Si l'abus des cotisations officielles et arbitraires chercha quelquefois à s'introduire, il fut toujours repoussé avec force et suivi du désaveu du prince. Aux états de 1607, on se plaignit encore que les baillis du prince s'étoient ingérés de mettre, de leur autorité, quelques impôts sur le peuple. On pria le duc de se souvenir « qu'à tant de fois il leur a plu promettre que ne se fera « désormais aucun jet sur le pays, soit par les baillifs en « leurs bailliages ou autres, qu'il ne soit préalablement « accordé à l'état général ».

Son altesse répondit « qu'elle n'a jamais entendu et « n'entend que les baillifs ayent fait ou puissent faire « aucun jet sur leur bailliage de leur authorité particu- « liere; et si cela est fait par aucuns d'eux, l'avertisse- « ment luy en étant donné, il y pourvoira (52) ».

En accordant des aides généraux, on y mit quelquefois des exceptions. La preuve s'en trouve dans une déclaration du duc Jean II, du 15 mai 1465, par laquelle il reconnoît l'abbé de St. Martin exempt à perpétuité (53).

Cette exception en faveur de l'abbé de St. Martin fut donnée au sujet de l'octroi de deux gros par conduit dans les villes, et d'un demi-gros dans les villages et hameaux, dont les états assemblés à Pont-à-Mousson, gratifierent le duc Jean II avant son expédition de Naples. Les lettres de non-préjudice de ce prince sont les plus anciennes dont nous retrouvions les traces. « Pourquoy, dit Bournon, fut act de monseigneur que « déclara que telle chose ne seroit à droit ne consé- « quence pour les états, mais bien loyauté, bonhomie « d'iceux et amitiance enves monseigneur ».

En 1481 les états déciderent qu'en succession collatérale les filles de gentilshommes ne pouvoient rien prétendre; et les assises de Nancy, dans un jugement de la même année, se conformerent à cette décision en faveur de MM. de Ville contre Mlle. leur sœur. Peu de temps après Isabelle de Beaucourt et Jean de Bussiere demandant la succession de Mahaut de Tornielle, leur tante, suivirent le réglement des états, comme conforme à la coutume de Lorraine. Isabelle renonça à ses prétentions par acte solemnel auquel « le duc mit sa signa-
« ture et son scel pour assurer la rénonciation (54) ».

L'obligation de demander paréatis pour assigner de justice à autre fut le fait des états de 1519 : la preuve s'en trouve dans les réponses du grand duc Charles aux griefs des états de 1579 : ceux de 1529 et de 1578 avoient blâmé cette forme, comme n'étant propre qu'à éterniser les procès, en traduisant les justiciables d'une justice à l'autre, et dirent qu'il falloit en restreindre l'usage (55).

Les mêmes états de 1519 déciderent qu'un pourvu de bénéfice par un collateur ordinaire, pourroit prendre possession sans placet du prince, « et non celui qui
« l'aura obtenu par bulle de mandement apostolique (56).
« Ils défendirent, sous peine d'emprisonnement et de
« punition exemplaire, de citer personne en cour de
« Rome, prendre instance ou exécuter aucune sentence
« sans permission du duc (57) ».

Cette décision avoit été sollicitée dès 1516 par MM. les ecclésiastiques, qui s'étoient plains aux états des frais immenses que causoit l'usage de porter en cour de Rome les affaires qui intéressoient la propriété et mouvance des terres de leurs biens. On avoit provisoirement ordonné « qu'en avant pareille chose ne seroit. M. de
« Ribeaupiere avoit été député au pape Léon X, obtint
« en 1517 un bref qui accordoit qu'en avant du temps,
« toutes rixes ès faits de possession des bénéfices, se-
« roient sous mains et réglement de MM. de la justice,
« au bon plaisir de monseigneur le duc (58) ».

Par le IVeme. article des états de 1529, la peine d'appel des jugemens des seigneuries aux assises fut de consigner 7 sols pour M. le bailli, et 13 sols pour MM. des assises.

Par le Vme., les prévôts durent obéir aux baillis.

Par les VIIme. et VIIIme., MM. les ecclésiastiques furent « traités de même que les gentilshommes du pays
« pour le regard du propre de leurs bénéfices, en ce qui
« concerne les gabelles, coupelles et autres telles rede-
« vances, comme aussi pour le regard de leurs bois,
« rivieres, terres, censives, maisons, revenus, amen-
« des et autres droits seigneuriaux ».

L'amende des mésus dans les bois communaux, pour le jour réglé à 5 francs avec autant de dommages intérêts, fut du double pour la nuit avec prison et confiscation de char et chevaux.

Il fut défendu aux gouverneurs des salines de couper des bois des vassaux et sujets, sans leur consentement exprès.

Défendu aux officiers et fermiers du haut-conduit et passage, d'exiger l'impôt sur les vins passans et repassans, pour le défruit des prélats et des vassaux du pays. Les états de 1569 confirmerent cette derniere disposition (59).

Le dernier article de ces états caractérise peut-être encore plus fortement leur pouvoir : il ordonne l'exécution de la défense faite précédemment aux étrangers, de posséder aucun bien fief en Lorraine.

La justice criminelle fut aussi un des objets des délibérations des états de 1529. On y voit qu'en fait de cette espece, les hauts-justiciers jugeoient souverainement dans leurs terres; qu'astreints à consulter les échevins de Nancy avant de prononcer leurs jugemens, ils ne le faisoient que pour témoigner qu'ils reconnoissoient la supériorité du duc ; ils n'attendoient leur avis que quatre jours : « les procès criminels formalisés par les officiers
« des vassaux, ne se communiqueront aux procureurs
« généraux et autres officiers de S. A., les maîtres
« échevins de Nancy ne les pourront tenir, lorsqu'on
« leur aura porté pour y donner leur avis, plus de qua-
« tre jours, autrement sera loisible à celui qui leur aura
« envoyé de passer outre à la confection dudit procès
« et exécution de ce qui ensuivra ».

Ce furent les mêmes états qui déciderent que le partage du château seroit fait de maniere que chaque héritier y fût commodément, et qu'en cas de difficulté pour la réparation commune des toitures, murailles, ponts, le bailli en décidera, « et pourra saisir la part des rentes « de la seigneurie appartenante au refusant ».

Ils se plaignirent des alliénations des biens communaux, et voulurent que les habitans ne puissent alliéner leurs bois, usages, parquurages, et autres biens communaux, sans le sceau et consentement des seigneurs des lieux (60).

L'administration de la justice paroît avoir occupé spécialement les états de 1578.

L'article II ordonna 15 francs d'amende contre celui qui fera appeller un sujet de roture de haute justice, au bailliage ou aux fures-assises, en toute action réelle ou personnelle, 10 francs au seigneur, et 5 francs à la partie contre laquelle est appel.

La plainte de justice portée aux assises fut taxée à 6 francs pour l'assise, et 25 pour la justice dont étoit appel.

Par l'article X, les procureurs généraux de S. A. ne purent connoître des tutelles, des vassaux, des hauts-justiciers. Par le VII, S. A. avoit déclaré n'entendre que ses procureurs généraux ou autres officiers procédassent par arrêt et emprisonnement contre les mayeurs et officiers des vassaux, mais seulement par action dans tous les cas.

Par le XIV, MM. de la noblesse et ecclésiastiques eurent la liberté de donner réglemens pour leurs bois. Toutes les amendes encourues dans les bois affectés aux salines furent déclarées appartenir aux hauts-justiciers desdits bois. Par le XIX, S. A. promit de faire justice de ses prévôts qui levoient des deniers sur les sujets de ses vassaux.

Les droits communaux pour le fond, la propriété, vaine pâture ou ufages, s'ils étoient en litige entre S. A. et les gens d'église, ses vassaux ou particuliers, durent être jugés par les justices ordinaires, et non par la chambre des comptes.

Les exécutions des criminels arrêtés par les officiers de S. A. durent se faire dans leurs offices, et non sur les

hauts chemins, bans et finages des hauts-justiciers; et
« s'il est question entre les procureurs de sadite altesse
« et les sieurs hauts-justiciers, si un crime est commis
« sur le haut chemin ou non, messieurs de la noblesse
« en connoîtront comme du passé.

« La justice ne sera retardée en son exercice par let-
« tres de S. A., et quoique S. A. en ayt écrit aux bail-
« lifs des provinces, si la partie qui a demandé son
« renvoy vers S. A. en est débouté, elle ne pourra en
« appeller ».

Les procureurs généraux et prévôts ne contraindront personne à prendre et subir juridiction pardevant eux, à peine de s'en prendre à eux, en leur pur et privé nom, « ains sera un chacun traité pardevant sa justice (61) ».

Les procureurs généraux prenant garantie de faits qui ne touchent les droits de S. A., en pourront être poursuivis en leur pur et privé nom.

Les plaintes sur les mésalliances des filles des gentils-hommes furent renouvellées aux mêmes états; et, pour arrêter ce désordre, on décida que les enfans provenant de « femme de noblesse mésaliée, n'auront entrée aux « assises ».

Les états de 1590 se plaignirent du trésorier des guerres, qui abusoit des deniers accordés, et prièrent S. A. de ne permettre que les deniers d'état fussent levés ou distribués par autre que par ordre des commissaires députés à cet effet (62). Cette plainte fut suivie du pouvoir que MM. Antoine de Lenoncourt, Richard du Hautoy et Claude de Charmes, députés des états pour répartition des aides, donnerent à M. Humbert, conseiller et secrétaire d'état de S. A., pour lever les deniers accordés à S. A. pour frais de guerre, à charge de suivre l'intention desdits états, et de ne faire les paiemens qu'aux personnes dénommées ès mandemens de S. A., sans prendre chez les receveurs aucuns deniers que sur ordre des commissaires, et en rendant un compte exact (63).

Aux états de 1591 les commissaires chargés à la levée des aides proposerent quelques difficultés par rapport à celles du vin, dont quelques personnes se prétendoient exemptes. On y décida que « les officiers qui ne

« sont mariés et n'ont point de ménages, servant ordi-
« nairement, doivent être exempts ; que ceux qui ser-
« vent par quartier, et sont mariés, s'ils boivent du vin
« dans leurs ménages, quand ils seront hors de quar-
« tier, doivent payer quatre écus ; que tous les prêtres
« qui ne seront reçus par les officiaux paieront ; que
« ceux qui se trouveront accoutumé de boire vin, en
« ayant moyen de ce faire, paieront (64) ».

Aux états de 1592, sur la plainte contre les vexations commises par les gens de guerre, le duc promit que l'aide octroié serviroit au paiement de l'armée, et que « les soldats seroient soldoyés ; qu'il fera tenir telle po-
« lice et justice à ses gens de guerre, que ses sujets ne
« soient plus molestés, rançonnés et pillés par iceux. »

Et s'il arrivoit que le pays continuât à être fourragé, S. A. ajoute : « est permis à ceux qui en seront foulés
« de ne plus payer lesdits francs, et ce qui est accordé
« à S. A ».

Sur sa foi et parole de prince, le duc s'engage à ne faire aucune levée pour les garnisons des villes, au-delà de ce qui lui « est accordé, si ce n'est que par subite
« invasion d'une armée ennemie » ; entrant en ses pays, il fut contraint de ce faire pour une fois. Elle enjoint à ses baillis de n'exécuter aucuns de ses ordres contraires à cet engagement, et de lui remontrer ce qu'elle a promis et permet aux prélats et vassaux, de refuser d'obéir à leurs commandemens (65).

Aux états du 17 septembre 1593, on avoit accordé au duc 2 francs par mois sur chaque conduit, pour octobre, novembre et décembre, au-delà des aides précédens, en considération de la gendarmerie que S. A. avoit été obligée de ramener dans ses états. Au mois de décembre une nouvelle assemblée convoquée le 6, jugea devoir prolonger l'aide ; « et pour cette occasion ont été
« d'avis de continuer encore autres trois mois lesdits
« aides. Ne pourront les receveurs vuider leurs mains
« des deniers reçus, si ce n'est par le commandement
« exprès de MM. de Savigni, d'Ancerville, baillis d'Al-
« lemagne, députés à la réception et distribution d'iceux,
« pour entendre les comptes de cet aide. Les états dé-
« léguerent MM. de Salm, de Flavigni, de Beaulieu,
« de Gondrecourt et de Billy (66).

En 1594, les états jugerent indispensable de mettre par écrit un style pour les bailliages de Nancy, Vosges et Allemagne. Cette proposition fut renouvellée à ceux de 1615, et le duc Henri nomma le procureur-général Remi, pour assister aux conférences sur cet objet, avec MM. de Stainville, de Lignéville, Bardin et Royer; et en 1621, les états occupés du même objet « députerent pour vaquer à la revision des cou-
« tumes, et dresser une pratique civile et criminelle
« pour les trois bailliages de Lorraine, entendre aux
« articles proposées à la tenue des états de 1614, 1619,
« et présent touchant les faits des réglemens de jus-
« tice, MM. de Lenoncourt primat, de Stainville,
« doyen de la primatiale, de Lignéville, prévôt de
« St. Georges, de Tornielle, d'Ancerville et de
« Bouzey (67).

Les états de 1599 s'occuperent des nobles qui avoient fait des actes de roture ; ils réglerent qu'ils payeroient pour une fois les charges qu'ils eussent portées s'ils fussent resté au rang de roture depuis 1685, et y contribueroient à l'avenir comme avant anoblissement. Les mêmes états demanderent une déclaration des charges que chaque sujet payoit, enjoignant « à tous les receveurs,
« mayeurs.... de faire publier aux prônes, en lieux
« accoutumés, que dans un jour bref et préfix qu'ils don-
« neront un, chacun aye à déclarer pardevant eux, ce
« à quoi ils sont obligés par l'ordonnance du présent
« octroy, et spécifier le tout. Il y eut des députés
« nommés pour vérifier ces déclarations, et pour avoir
« ès mains les coffres et deniers que restent de l'octroi
« fait en l'état de l'année 1596, déchargeant pour l'a-
« venir cet état, Pierre Martel et Claude Houat de la
« charge qu'ils avoient desdits coffres par le susdit
« état de 1596 (68). » Ces mots nous indiquent la forme usitée. Alors pour auditionner les comptes des receveurs qui étoient nommés pour chaque octroi, les états de 1600 et 1601 s'occuperent des plaintes portées au sujet de la répartition et perception des octrois en « gros et vin accordés à S. A. pour les fortifications de Nancy.

MM. de Bonsay, de Malliance, de Dommartin, de

« Vannes sont été commis pour supplier humblement S.
« A. qu'il lui plaise que tous les comptes, marchés et
« dépenses des fortifications de Nancy, ainsi qu'étoit
résolu, soient revus. » A quoi elle a répondu le desirer
« bien fort, et que l'on députât quelqu'un pour cet
effet ; ce qui fut fait au même instant (69).

Les états de 1605, après avoir entr'autres articles, réglé ce qui seroit encore payé par conduit dans les villes, bourgs et villages de S. A. et de ses vassaux, finissent par dire au prince « qu'il donnera ses lettres
« de non-préjudice pour le présent octroy, semblable-
« ment à celles qu'il a ci-devant données aux états, datés
« de l'an 1588 le 27 mai, de l'an 1589 le 25 mars, de
« l'an 1592 le 22 juillet, autres du 15 février 1594, et
« de l'an 1599 le 24 mars, avant que soit fini et signé
« le présent résultat, étant requis MM. les maréchaux
« de ne signer les résultats sans les avoir obtenus (70).

Ces derniers traits indiquent le temps et la forme sous laquelle se faisoit la clôture des états en Lorraine.

Les états de 1607 ordonnerent aux baillis d'avertir tous les ans par lettres les gentilshommes qui devoient se trouver aux assises pour y juger, d'en publier la liste un mois avant la tenue. S. A. fut suppliée de dire qu'en rétablissant les assises des Vosges, les causes inscrites au registre seroient données par extrait par le bailli, pour leur état être remis à MM. des assises et fures-assises.

On se plaignoit des dégats causés par les troupes dans leurs passages, et le duc promit que les parties intéressées seroient indemnisées par les chefs des troupes, et qu'il aboliroit l'aide qu'on lui avoit accordé jusqu'au premier février 1615, parce que le besoin étoit cessé (71).

Sur la demande des mêmes états on régla « que tout
« juge, lieutenant de bailli, procureurs-généraux et autres principaux membres de justice, soient gradés en
« une université, approuvés et ayant pratiqué, tant en
« pays de S. A. qu'ailleurs, huit ou dix ans, et avant
« que d'être reçus en leurs états soient examinés tant
« par les députés du Conseil que par les maîres-éche-
« vins et échevins de Nancy... les juges et autres of-

« ficiers de judicature seront âgés pour le moins de trente
« ans. »

« Sur ce qu'à toute occurrence les sujets des seigneurs
« hauts-justiciers, prétendans griefs sans suivre la loi
« ordinaire, s'adressent par requête à S. A. pour faire
« l'exécution de ce qu'a été jugé contr'eux, ou autre-
« ment retardant la justice, exposent ce que bon
« leur semble, à S. A. sera supplié de renvoyer les-
« dites requêtes auxdits seigneurs ou à leurs officiers...
« Et au cas que lesdits sujets soient trouvés au tord,
« ils soient condamnés à une amende arbitraire envers
« leurs seigneurs; ce qui fut accordé (72) ».

Aux états de 1611, le tiers se plaignit des nouveaux nobles qui, occupés de leur seul intérêt, faisoient au détriment du tiers-état, trafic de grains, vins qu'ils achetoient pour revendre, ce que n'avoient jamais fait MM. de la chevalerie, qui au contraire dépensoient leurs revenus pour la gloire et le soutien de l'état (73). Cette requête fut suivie de la défense demandée ; et aux états de 1614, elle fut renouvellée : on y dit aux nobles qui font profession d'apothicaires, orphevres, tanneurs et semblables : « ils renonceront à leur profession ou à
« leur noblese (74). »

Aux mêmes états de 1614, il fut enjoint aux juges de ne charger les peuples de plus haut prix de frais de justice qu'il est porté au style joint au coutumier de Lorraine, d'autant que la multitude des procédures qui sont en leurs sieges fait quadrupler les profits qu'autrefois il leur en venoit. Leur ordonne quant et quand qu'ils ayent à suivre en tout la coutume et style judiciaire, d'autant qu'ils les mettent hors de pratique et en introduisent d'autres à leur bon plaisir.

Sur les griefs de MM. de la Noblesse, S. A. accorda
« que lorsque les gentilshommes seroient pris en fla-
« grant délit, elle commetteroit deux gentilshommes
« qui assisteroient à l'information,... sans qu'il soit per-
« mis de travailler auxdites informations qu'en leur
« présence, mais ils doivent prêter serment ès mains de
« S. A. de tenir en tout secret.

« On défendit à l'évêque de Toul de connoître du
« possessoire des bénéfices situés ès pays de S. A.

On consentit » que les publications qui se faisoient « par les curés ou vicaires à leurs prônes, se fissent à « la sortie de la messe par sergens des lieux, afin de ne « distraire le peuple du service divin. On commanda que « la jeunesse fût instruite en la religion catholique, et « que les maîtres d'école fussent approuvés par les cu- « rés et autres officiers.

On accorda « que les pratiquans des sieges, portant « les qualités d'avocats, procureurs ensemble, en fas- « sent la fonction comme du passé; qu'on ne payera « pour être reçu procureur, et qu'il suffit de savoir les « loix du pays pour être reçu, sans la connoissance « des loix romaines.

« Que les ordonnances sur les réparations des grands « chemins seront mieux observées que du passé, et « qu'en cas qu'elles ne soient assez expresses, de les « amplifier.

On défendit, sous peine de privation d'office, aux juges des bailliages, de donner avis aux échevins des villages dont les semblans (*sentences*) ressortissant pardevant eux.

La noblesse allemande demanda pour récompense de sa fidélité que S. A. lui donnât « l'honneur des charges « de capitainerie et autres offices, lesquels du passé ils « déservoient; » elle se plaignit de ce qu'on en avoit gratifié des gens de basse extraction, et demanda qu'il fût enjoint « au bailli d'Allemagne de vuider des pro- « cès de l'assise à tour de rôle. Les états et le prince acquiescerent à ces demandes (75).

C'est aux états de 1615 que les élus des communau- tés, pour la levée et répartition des impôts dans les vil- lages, paroissent avoir été ordonnés pour la premiere. Ce fut à l'occasion de l'aide de huit gros par mois sur chaque conduit des villes, et de six gros sur ceux des villages que les états accorderent au duc Henri en con- sidération de l'acquisition de Nommeny et de l'entretien des garnisons.

« Les communatutés, disent ces états, seront obligés « de choisir un entr'eux, gens de bien, pour jetter sur « leur commune l'aide des susdits conduits, le lever et « donner au mayeur de leur communauté pour le por-

« ter de trois mois à autres aux receveurs de S.
« A. (76). »

Aux états de 1616, on se plaignit qu'au mépris des ordonnances faites pendant le regne du grand duc Charles, les terres du Barrois, dites de la mouvance, s'étoient séparées par une assemblée particuliere.

On observa que la répartition des impôts ne peut être équitable en l'asséant sur les seuls fonds, et qu'il est plus juste de faire la cotisation à raison des facultés de quelle nature elles soient, le fort portant le foible; autrement les ecclésiastiques et les gentilshommes qui sont les plus grands propriétaires étant exempts, le pauvre qui auroit un peu de bien fonds seroit seul chargé, ce qui seroit injuste. S. A. fut priée de ne pas entretenir tant de troupes à l'avenir parce que le peuple étoit trop foulé d'impôt (77).

Aux états de 1619, les refus que le duc Henri faisoit de donner ses lettres de non-préjudice dans la forme ancienne qui lui avoit été présentée par MM. le primat de Lenoncourt, de Bourbonne, abbé de la Chalade, le comte Ringraff et de Vannes, déterminerent une seconde députation. MM. de Stainville, doyen de la primatiale, de Dommartin et de Nubécourt furent désignés pour accompagner les premiers députés; ils insisterent pour que le prince donnât ses lettres dans la forme de celles du 21 mai 1588, et 24 mars 1599. S. A. prétendit suivre celles de 1563 et de 1602; elle enjoignit à ces MM. de dire à l'assemblée qu'elle ne vouloit être comme le duc de . . . . ni comme le roi de Bohême, et qu'elle ne vouloit être sujette à ses états.

L'assemblée lui répondit par une troisieme députation. Henri se trouva forcé d'adopter la forme des lettres qui lui avoient été présentées, et S. A. dit « qu'elle
« contribueroit de tout ce qu'elle pourroit pour le bien,
« repos et contentement de l'état, et qu'elle vouloit vi-
« vre et mourir pour la patrie (78) ».

Le mauvais alois des monnoies fut encore un objet des plaintes des états. S. A. promit d'y remédier; elle consentit aussi que tous crimes, hors celui de leze-majesté, commis par les membres de la noblesse, seront prescrits par l'espace de vingt ans.

Que les gentilshommes qui, suivant l'ancien réglement, prêtoient serment entre les mains du prince avant de juger des procès criminels, en seroient dispensés, à charge de garder le secret sur les informations.

Que les gabelles qui ne sont comprises « ès chartres « anciennes fussent abolies ».

Par un nouveau réglement on enjoignit aux notaires d'inscrire dans les contrats leur cause et nature des objets, et de spécifier l'heure avant ou après-midi, et de faire signer les parties à la minute des actes (79).

Les états de 1520 réglerent que le grand-maître de l'hôtel de monseigneur « auroit connoissance de tous crimes et délits qui se commettroient audit hôtel, comme aussi de toutes actions qui concerneroient les officiers de l'hôtel en ce qui dépendra des fonctions de leurs charges (80).

Ceux de 1621 s'occuperent particulièrement de l'emploi des deniers levés en vertu des aides accordés aux précédens. Le 26 juin il y eut une commission nommée pour reconnoître à l'après-dînée dudit jour en la chambre des aides, à quoi monte la recette et les charges des trois années suivantes, sur les deniers des aides généraux; selon le résultat de l'état dernier (81).

Les états de 1622 proposerent différens moyens pour subvenir aux charges, et soulager le peuple qui en étoit accablé ; le premier fut de faire payer à MM. de la justice, prévôts, échevins, procureurs, greffiers, notaires, 40 francs ou 3 écus par tête, le fort portant le foible par année; d'imposer dans la même forme, s'il n'y a assez, même somme sur les marchands de soierie, commerçans en blé, vin, de quelle condition ils puissent être; de charger de pareille somme les taverniers ; de faire payer sur les rentes de l'argent prêté un demi pendant deux ans, et si cela ne suffisoit pas, de cotiser chaque anobli à 100 écus.

Ce furent ces états qui déciderent de la forme à suivre pour obtenir les lettres déclaratoires de gentillesse. Elle avoit déja été proposée aux états de 1602, mais ne fut définitivement acquiescée qu'à ceux de 1622. Il y fut dit :

« S. A. à la supplication de ses états a accordé à

« iceux, ensuite de même requête, qui, déja pour même
« sujet fut traité aux états de l'an 1602, pour le du-
« ché de Lorraine, que pour pouvoir à l'advenir un
« anobli obtenir titre et déclaration de gentilhomme
« dans tous ses pays, il devra s'adresser à MM. les
« maréchaux, pour leur montrer le premier acte de
« noblesse ou lettre d'anoblissement obtenu par icelui
« de qui il tient son estre et la succession de deux races
« après, lui faisant la quatrieme, desquels il descend
« de pere en fils, et lesquels ont été alliés et vescu no-
« blement, pour par MM. les maréchaux, communiquer
« la preuve qu'ils en auront fait à MM. des assises de
« Nancy, en corps d'assise pour qui touche la Lorraine,
« et en prendront leur avis, pour avec le leur les rap-
« porter à S. A.; et pour ceux qui ne sont la Lorraine,
« mesdits sieurs maréchaux, après semblant, premier
« s'adresseront à S. A. pour en ordonner, moyennant
« quoi ils auront séance et voix délibérative aux états,
« et prérogative, le tout sans déroger aux coutumes des
« lieux ».

Pour les étrangers, S. A. s'en réserva l'examen sans l'avis des assises.

L'inexactitude de quelques gentilshommes à se trouver aux assises détermina les mêmes états à ordonner que les baillis pourvoiroient exactement à leur tenue; que dans le cas où ils seroient obligés de s'absenter, ils prieroient S. A. de nommer à leur place un gentilhomme capable pour les y représenter; que l'état de ceux qui doivent se trouver à l'assise seroit formé annuellement, et que ceux qui y ayant entrée, et bien dans les bailliages, ne s'y trouveroient à leur tour, seroient muletés de 20 francs et le bailli de 30 (82).

Les états de 1626, après avoir approuvé l'abdication du duc François II, en faveur de son fils Charles IV, s'occuperent des octrois que le prince demandoit, en considération des dépenses qu'il avoit faites, notamment « de l'entretennement des troupes, qui s'étoit continué « jusqu'alors par ses propres moyens ». On lui accorda, comme on l'avoit fait au duc Henri en 1622, pour trois ans 2 francs par paire, 2 gros et demi par fauchée de prés, 3 gros par jour de vigne de roture, en continuant l'ancien impôt de 6 deniers par franc des ventes de marchandise, et dixieme pot de vin en détail, ainsi que celui de 13 gros et demi par conduit dans les villes, et 10 dans les villages. En permettant aux communautés des villes et villages d'en tenir les fermes, si elles veulent s'en charger, il fut enjoint aux prévôts et mayeurs de se faire donner, dans le délai de six semaines, par les propriétaires roturiers francs ou non francs, une déclaration de leur bien, sous la peine de 200 francs contre les prévôts et mayeurs, et de 100 francs contre les propriétaires en cas de fausse déclaration. La condition pour le souverain fut, comme dans tous les octrois, les lettres de non-préjudice données avant la signature du résultat (83). On se plaignit des exactions des tabellions dont on régla provisoirement les droits.

Il fut arrêté que les lettres de reprise, foi et hommages des fiefs seroient, comme d'ancienneté, gratuites, sauf le droit de 4 francs 9 gros pour le *registrata*.

Qu'on renouvelleroit les ordonnances contre les religionnaires en y ajoutant la défense d'imprimer leurs livres ou ceux contre les mœurs.

Que les comptes des fabriques des églises seroient rendus pardevant le curé et l'officier du seigneur haut-justicier; que les ecclésiastiques seroient soumis aux ordonnances des chasses.

Les états demanderent l'abolition des impôts assis sur les matieres de commerce, sans leur consentement; et le prince répondit n'en avoir mis aucun. Il éluda de même les plaintes sur le prix et mauvaise qualité du sel, sur la gêne dans le passage des grains à nos voisins.

On décida que le procureur général de S. A. veilleroit à ce « que personne ne prît des titres et qualités qu'il « n'avoit pas, que les officiers du prince n'empêche- « roient les communautés de mettre en ban les fruits « champêtres des arbres qui avoisinent les hauts che- « mins ». Que tous les ouvriers ayant certificat de bonne conduite travailleroient librement de leurs métiers dans toutes les villes de Lorraine en y payant le droit d'entrée; que la coutume seroit revisée et augmentée s'il le faut; que les villes et forteresses ayant garnison entretiendroient leurs murailles.

On se plaignit de l'abus des amortissemens trop fréquens en faveur des ecclésiastiques, et Charles IV éluda, en disant qu'il falloit les entendre.

Ce furent ces états qui proposerent la substitution des gentilshommes pour le quart de leur ancien, leurs acquets et une maison forte. Le prince, accordant celle des acquets, renvoya pour le surplus à la revision de la coutume (84).

Les états de 1629 commencerent par la confirmation de tout ce qui avoit été décidé aux états précédens ; on insista sur l'homologation des coutumes et du style ; on s'y plaignit des frais exhorbitans des actes de justice, « de la foule que le pauvre peuple souffre pour lui, être « la justice distribuée à frais insupportables ; les désor- « dres, *dirent les états*, s'accroissant tous les jours da- « vantage en ce qu'étant à la décision des juges de taxer « les épices de chacun procès, ils abusent tellement de « cette liberté qu'au-lieu de 2 à 3 francs qu'ils pre- « noient pour les sentences interlocutoires, et de 4 à 5 « pour les définitives, ils prennent le double et plus, « et n'y a si petit procès que les épices n'en soient ta- « xées à 6, 7 et 8 francs, et même des interlocutoires à « 4, 5 et 6 francs, lesquels interlocutoires ils multiplient « à leur volonté ».

Cette sortie, contre l'abus des épices arbitraires, qui étoient alors en usage, fit décider qu'il y auroit une taxe raisonnable conformément aux réglemens ; qu'il en seroit de même « pour les greffiers et clercs jurés, les- « quels, ors qu'ils soient taxés à 4 francs pour chacun « départ de cour, ... et à 2 francs de chacun feuillet « léaulment escrit ..... néamoins lesdits greffiers pré- « sentement escrivent tout indifféremment dans des « feuilles de parchemin, n'y mettent qu'environ douze « à quinze lignes par page, et quatre à cinq mots par « ligne, et ainci tirent plus du double et le triple de ce « qui leur est accordé par les réglemens. Sera ordonné « que lesdits départs de cour qui peuvent être écrits en « une page, ne seront mis en feuillets que du consente- « ment de la partie ; qu'il y aura taxe judiciaire pour « journées des sergens et des baillifs, salaire des gref- « fiers, procureurs, à peine contre les contrevenants, « d'amande et de privation de leur emploi (85) ».

Aux mêmes états l'on s'occuppa du tribunal des assises dont les séances paroissoient encore moins exacte qu'elles ne l'étoient précédemment.

Ce tribunal fameux en Lorraine, eut pendant plus de six cens ans la distribution suprême de la justice dans cette province. Les états dictoient la loi, les assises jugeoient en dernier ressort les infractions de cette loi. Ce point d'histoire n'est pas incertain (86).

Il est aussi constant que ce tribunal composé des gentilshommes de l'ancienne chevalerie, qui y siégeoient chacun à leur tour, étoit le corps représentatif de la nation, lorsque les états étoient dissous.

Veillant sur les droits des citoyens, sur le maintien de leurs propriétés, de leurs privileges, ils jugeoient d'après les usages de la province, d'après les coutumes approuvées par les états, d'après les réglemens qu'on y avoit faits.

Le code de chaque gentilhomme siégeant en assise, étoit un recueil succinct des décisions données par la nation en corps. Ce recueil nous est connu sous le titre de manuel de MM. de la noblesse aux assises (87).

La justice distributive étoit le fait des assises; c'étoit leur droit. Leur pouvoir s'étendoit-il jusqu'aux impôts? je ne puis le croire. Lorsque ce tribunal hasarda d'en accorder au souverain, il fut désavoué par les états. La preuve s'en trouve dans la plainte qu'ils formerent en 1594 contre un aide de 6 deniers par franc, et dix pots de vin que les assises avoient acquiescé pour quatre mois; ils y déclarent « que ils mettent bas l'aide de 6 « deniers par franc et dixieme pot de vin, qui ne se le- « vront plus, n'étant permis de les remettre par sem- « blable assemblée comme celle que dessus (88).

Les états de 1626 se plaignirent encore plus fortement de la contribution que les assises en 1624 avoient accordée pour la réparation du château de Vaudrevange, et délégué des députés (MM. l'abbé de Vadgase et de Hausen) pour en faire la répartition. « On n'a pas en- « core, disoient-ils, entendu dire que lesdits seigneurs « des assises ayent pouvoir d'accorder aucune contri- « bution, aussi cela seroit d'une très-grande consé- « quence. Si un état ne peut astreindre personne à don-

« ner contre sa volonté et consentement, tant moins
« peuvent faire MM. desdites assises, n'y ayant point
« d'apparence que sept ou huit qui seroient à une assise
« puissent disposer de tout le reste du corps; ils de-
« vroient se souvenir que S. A., qui est le prince souve-
« rain, lorsqu'il desire avoir quelque contribution, il
« ne le fait qu'au préalable il n'aye fait l'honneur à sa
« noblesse de les appeller et convoquer (89).

Ajoutons à ces faits que tous les résultats d'état prou-
vent qu'en accordant un aide quelconque au souverain,
ils nommoient des commissaires pour la levée, répartition et emploi; que ces commissaires formoient ce qu'on
appelloit la chambre des aides, et n'étoient comptables
de leurs opérations qu'aux états mêmes.

Les états de 1629, cherchant à rendre aux assises
leur ancienne activité, réglerent que la tenue de leurs
séances aux trois bailliages « de Nancy, Vosges et Alle-
« magne, sera remise de mois en mois, comme vouloit
« faire du passé ».

Que pour juger à celles de Nancy, au-lieu de douze,
il suffiroit d'être sept; et que, pour vuider les appels,
on le pourroit en nombre de cinq, au-lieu de sept; et
qu'en toutes causes à celles de Mirecourt ou de Vaudrevange, il suffiroit d'être cinq.

Qu'au bailliage d'Allemagne, les prélats, abbés,
prieurs, supérieurs de maisons, *ayant seigneuries ou
fiefs*, seroient les seuls ecclésiastiques qui y pourroient
juger, et n'auroient la liberté de s'y faire représenter
que par gens qui ont entrée aux assises.

Que comme d'ancienneté, « au commencement de la
« tenue des assises, les députés rapporteront la preuve
« pardevant eux, que la famille de ceux qui prétendent
« y entrer, est d'ancienne et noble extraction, ou qu'ils
« sont sortis des filles de l'une des familles de l'ancienne
« chevalerie de Lorraine, en loyal mariage...., et MM.
« en corps d'assise ou d'état en jugeront ».

Ce fut aux mêmes états qu'on décida qu'il y auroit un
lieu assuré et fixe pour y déposer les titres et papiers de
la province, « afin qu'il se puisse aux occasions qui se
« rencontrent, donner ordre pour la lecture et commu-
« nication d'iceux titres et papiers ».

« En conséquence les états prient S. A. qu'elle n'aye
« désagréable qu'à l'imitation de toutes les communautés
« du monde.... qu'ils fassent mettre la garde de leurs
« papiers communs et généraux ès lieux séparés, et sous
« clef de ceux qui seront choisis par les susdits états ».

On y défendit aux maîtres-échevins du change de Nancy « de prendre connoissance du point et sentiment « d'honneur, telle connoissance appartenant à MM. « les maréchaux de Lorraine et de Bar ».

MM. de la chevalerie portèrent leurs plaintes contre MM. de la chambre des comptes, les receveurs, gruyers et contrôleurs de son altesse, qui entreprenoient contre leurs droits de justice, sous prétexte que ce sont affaires qui intéressent son altesse. Ils la prièrent « de se « rappeller qu'elle s'est engagée, ainsi que ses prédé- « cesseurs, à se laisser juger par les assises pour toutes « causes qu'elle aura contre ses vassaux, sans aller au « contraire (90) ».

D'après ces détails historiques, puisés dans les états même, leur pouvoir en Lorraine se caractérise. Une autorité aussi marquée ne peut surprendre, si l'on sait (comme notre histoire le prouve) que les maisons de Lenoncourt, de Lignéville, de Harraucourt et quantité d'autres dont le temps nous a à peine conservé les noms, étoient, ainsi que les abbayes de Remiremont, de St. Diez, de Bouzonville, &c., les plus grands, les plus puissans propriétaires de notre province, avant que la maison d'Alsace y eût obtenu de l'empereur Henri III, le pouvoir et les droits des ducs héréditaires.

Dans leur origine, les ducs dans tout l'empire n'étoient que des gouverneurs donnés aux provinces. Bénéficiers impériaux, ils veilloient au maintien des loix, et ne pouvoient imposer de tributs. S'ils faisoient quelques ordonnances de police, c'étoit avec l'aveu du chef de l'empire. Ce chef lui-même ne proposoit des loix que dans les assemblées générales de la nation ; dans ces assemblées qu'on désignoit sous le nom de *placita*, états-généraux. La loi allemande, rédigée sous l'empereur Lothaire, la fut en présence de trente-trois évêques, trente-quatre ducs, soixante-douze comtes, et du peuple (91).

En Lorraine, jusqu'à la première invasion de la

France, par Louis XIII, le duc protecteur des anciens usages, se regarda toujours comme le premier gentilhomme de ses états ; il reconnut l'ancienne chevalerie pour ses pairs, pour ses juges naturels dans toutes les difficultés qu'il pouvoit avoir avec elle. Les états de 1629, rappellant à Charles IV ses engagemens et les droits de sa noblesse, ne faisoient que lui représenter ce que ses prédécesseurs avoient juré ; ce que René I avoit exprimé dans les lettres confirmatives des privileges de la noblesse, du 30 janvier 1430, où il dit :

« Quand nous, ou nos officiers de par nous, voudront
« aucune chose demander à ladite chevalerie dudit du-
« ché de Lorraine....., nous en devons laisser juger par
« la chevalerie dudit duché de Lorraine, et autres no-
« bles fieffés de notre duché, selon l'us et coutume an-
« cienne dudit duché. »

Dans les mêmes lettres, ce prince ajoute : et « s'il
« advenoit que les débats et questions se mussent entre
« nous et ladite chevalerie, entre ladite chevalerie et
« nous, lesdits débats et questions vauroient, et seront
« jugés et déterminés par ladite chevalerie, leurs pairs,
« en la maniere que dessus (92) ».

Toutes les lettres de même espece, données par les successeurs de René, offrent le même sens, les mêmes expressions. Charles III, devenu majeur, balança un instant d'expédier à sa noblesse pareille promesse. Il tenta plus ; il voulut mettre des impôts : la noblesse le refusa ; et malgré les protestations de le Hongre, procureur-général de son altesse, ce duc n'obtint rien, et fut contraint de renouveller son entrée à Nancy dans la forme ancienne, et de confirmer les privileges de la nation. Ce ne fut qu'après avoir rempli ces conditions que l'aide demandée lui fut accordée (93).

Une noblesse qui traitoit d'égal à égal avec son souverain, qui ne lui prêtoit son serment de fidélité qu'après avoir reçu le sien, pouvoit être fiere de ses privileges. Ceux dont elle fut le plus jalouse, comme l'atteste tout ce qui nous reste de nos états-généraux, furent celui de régler ce qui intéressoit les propriétés des citoyens, et la justice distributive qui leur est due ; celui de n'accueillir que des impôts justifiés par la nécessité, de fixer leur répartition, d'en régler l'emploi sur les regles de l'économie la plus stricte, de s'opposer à toute espece de déprédation, de ménager l'avoir du peuple; en un mot de n'admettre aucune charge publique que de l'aveu de la nation assemblée.

La Lorraine, devenue province de France, est appellée pour la premiere fois aux états-généraux d'un grand royaume, et n'y sera admise que par ses représentans : ils seront le choix des trois-ordres de la province. De ce choix va dépendre le maintien de nos privileges, l'accord qui doit régner entre nous et les petites souverainetés, dont la réunion successive forme aujourd'hui l'un des plus beaux royaumes de l'europe. L'état, la fortune, les propriétés, les droits de tous les ordres de nos concitoyens tiennent à des localités qui nous sont particulieres, à des principes fondamentaux qui dérivent de notre ancienne origine. Ces principes ne peuvent être détruits, ces privileges ne peuvent être absolument changés; la ruine, le bouleversement général seroient les suites de cette opération. Ces mots tracent les devoirs de ceux qui seront chargés de cette tâche intéressante. Unir au savoir l'art heureux de présenter les faits avec neteté, avec précision; au courage de la vérité, la bonne foi de l'homme sans prétention; au zele du patriotisme, ce discernement précieux, qui, sans perdre de vue l'intérêt général, sans trop sacrifier les intérêts particuliers sait les rapprocher des points dont dépend la liaison indispensable des parties d'un grand tout : telles doivent être les premieres qualités des représentans des provinces. Satisfaits de faire leur devoir, une exacte probité les mettra au-dessus de la séduction des récompenses, à l'abri des prestiges d'une considération momentanée; respectant la puissance, ils apprécieront les intrigues, la faveur, sans crainte, sans desirs.

Quelle sera la regle de notre choix? Comment la Lorraine nommera-t-elle ses représentans? La solution de cette question tient aux vœux de tous les individus: c'est ce vœu qu'il faut recueillir. Notre assemblée provinciale est formée; le zele actif des membres qui la composent est le gage assuré du desir qu'ils ont de porter au pied du trône la vérité, les besoins, les ressources du peuple qui leur donne sa confiance. Elle consultera ce peuple; elle n'oubliera pas que si, dans sa formation, on a pris une marche tout-à-fait contraire à celle qui paroissoit indispensable pour remplir l'objet de son institution, cette marche a été forcée par la nouveauté d'un établissement fait pour le peuple, mais dont le peuple n'avoit aucune idée.

Sa majesté en accordant à la Franche-Comté, à quelques autres provinces la conversion des assemblées provinciales en états provinciaux, nous laisse l'espérance d'obtenir la même faveur; et il est peu de provinces qui ayent plus de droit de la réclamer.

Les états de Lorraine ne furent jamais supprimés. Leur premiere suspension fut l'effet des troubles du regne tumultueux de l'inconséquent Charles IV. L'attention bienfaisante de Léopold, la sagesse de ses réglemens, sa déférence pour nos anciens usages, pour nos privileges, pour nos loix, ne nous laissa pas le moment de nous appercevoir que nos états ne s'assembloient plus annuellement.

Léopold fut toujours entouré de sa noblesse, environné d'un peuple qui l'adora, dont il prévint les moindres besoins. L'activité de son ame, la générosité de son cœur, lui firent faire tout ce qu'on eût pu lui demander. Dans un petit état, le prince voit tout; dans un royaume tel que la France, l'approche du trône devient plus difficile: les états-provinciaux peuvent seuls diminuer la distance immense qui s'y trouve entre le peuple et son roi. Les assemblées provinciales furent un essai de bienfaisance; les états provinciaux y mettront le comble.

Le vœu de l'assemblée provinciale, celui de tous les districts, se réunissant d'abord vers ce premier point, en sera l'objet de sa premiere demande.

Les assemblées provinciales et secondaires dans leur forme actuelle, peuvent effectuer dans ce moment l'établissement des états provinciaux; et ces états provinciaux détermineront sans peine les vrais représentans de la Lorraine aux états-généraux de la France.

Traçons-en la marche telle que j'ai eu l'honneur de la proposer, en remplissant les fonctions de procureur-syndic des deux premiers ordres dans un des districts de la province (94). Si l'assemblée, enhardissant mes efforts par son indulgence, a daigné unir son vœu au mien, il est de ma reconnoissance de le présenter tel que je le lui ait offert.

Demandons que notre assemblée provinciale, qui, par la circonstance du moment, et la tenue prochaine des états-généraux, ne pourroit tenir ses séances aussi long-temps que l'année précédente, soit convoquée dans les premiers jours de novembre, pour huit jours seulement, pendant lesquels elle ne s'occupera que du plan d'état le plus avantageux à notre province, de la manière d'en nommer les représentans. Le plan de cette nomination est simple ; son exécution en sera facile.

Pour le tiers-état, les municipalités éliront chacune un certain nombre de représentans, qui sera décidé par le gouvernement.

Ces élus, réunis à leur arrondissement, choisiront dans les membres qui sont actuellement au district ou dans les arrondissemens leurs représentans pour leur ordre.

Ces représentans d'arrondissement éliront entre les membres actuels de leur district ou de leurs arrondissemens (indifféremment et à leur desir), ceux qu'ils jugeront dignes d'être chargés de choisir les membres qui doivent, pour leur ordre, être admis aux états provinciaux de Lorraine. Ces derniers élus détermineront les représentans du tiers-état lorrain aux états généraux du royaume.

La noblesse et le clergé dans les districts chacun dans leur ordre, suivront la même marche d'élection. Cette gradation successive peut seule donner aux états généraux les vrais représentans de tous les ordres de notre province.

Les états provinciaux opineront par voix, sans distinction d'ordre, et dans la forme ordonnée pour les assemblées provinciales et secondaires.

En admettant cette marche les membres des états provinciaux et généraux seront réellement élus par leurs pairs.

Notre seconde demande sera que les états provinciaux,

formés pour les premiers jours de décembre, s'assemblent à cette époque, pour élire leurs représentans aux états généraux du royaume, et s'occupent immédiatement après cette élection, de toutes les opérations faites par la commission intermédiaire, par les districts et leurs bureaux.

Que, jusqu'à la formation des états provinciaux, la commission intermédiaire et les bureaux continuent à travailler dans la forme prescrite par leur réglement.

Que, dans la nouvelle formation des états provinciaux, les assemblées secondaires soient maintenues dans leur activité, comme étant la voie la plus avantageuse pour suivre avec soin la division de travail qu'exige les intérêts rapprochés des concitoyens de tous les ordres de notre province, qui sont presque tous propriétaires (95).

Cette forme d'élection s'éloigne sans doute quelque peu de ce qui se pratiquoit pour les anciens états généraux de Lorraine; mais les temps sont changés : nos intérêts alors plus concentrés, n'étoient que ceux des deux duchés. Dans un petit état le nombre des votans pour la chose publique peut s'accroître sans inconvéniens : les loix, les privileges d'un petit état sont égaux pour tous ses élus.

Dans un royaume tel que la France chaque province a ses droits, ses usages, son intérêt particulier, toutes doivent concourir au bien général. Le gouvernement demande quelques modifications dans les formes, quelques changemens dans les usages, quelques restrictions dans certains privileges. Ces demandes exigent un examen, des discussions : l'intérêt général peut seul les applanir. Un trop grand nombre de représentans peut accroître les difficultés, les rendre interminables; un trop petit nombre peut être insuffisant pour présenter au gouvernement ce que les circonstances de situation, de production, de commerce, d'usage, doivent rendre invariable pour notre province.

La population nous paroît devoir être l'une des bases déterminantes du nombre des représentans des provinces aux états généraux. Le premier principe que doivent se faire ces représentans, et dont sans doute ils ne s'écarteront pas, c'est qu'aux enfans d'une grande famille le bonheur de tous doit être cher. Mais qu'il est un mal, s'il ne s'appuye que sur la destruction des droits de chaque individu.

NOTES.

(1) *Par la transaction de Nuremberg, en 1642, l'empire s'étoit dépouillé de tous ses droits sur la Lorraine; Charles VI ou l'empire l'oublierent en 1736. M. le comte de Neuvied, plénipotentiaire à la diete impériale, et M. de Nierod, son conseiller intime, ne doutant pas des difficultés que le duc François III feroit à la cession de la Lorraine, userent d'un stratagême politique, dont on ne connoît point d'exemple;* « *ils firent remercier publiquement ce prince par la diete* « *impériale, du sacrifice qu'il vouloit bien faire de ses* « *états en faveur de la paix générale.* » *Le duc n'avoit encore rien promis; mais se trouvant lié en quelque sorte par ce remerciement qui supposoit sa parole donnée, pressé d'ailleurs par les instances de la cour de Vienne, par l'ascendant des charmes de Marie-Thérèse, il signa. Jean-Louis Bourcier, procureur-général de Lorraine, tint un moment en suspens la décision de son maître; il eut le courage de lui faire sentir qu'il étoit souverain, et qu'en cédant ses duchés il se replaçoit au rang des sujets. Marie-Thérèse le vouloit; la fermeté de Bourcier ne put rien, elle causa un violent accès de fievre au prince qui n'en signa pas moins. Les conditions de son contrat de mariage supposoient que Charles VI pouvoit encore avoir des enfans mâles, et dans ce cas Marie-Thérèse n'héritoit de rien. Ce contrat alloit plus loin; il prévoyoit le cas où cette princesse n'auroit point d'enfant, alors la succession de Charles VI étoit dévolue à l'archiduchesse Anne sa fille cadette, si elle avoit postérité. Dans tous les cas, François III n'avoit que l'espérance d'une ombre de pouvoir; son fils aîné, s'il en avoit, en cas de veuvage, étoit déclaré majeur à quatorze ans, en succédant à Marie-Thérèse. Gaston, duc de Toscane, pouvoit*

encore vivre long-temps, et c'étoit la troisieme fois que les puissances de l'europe lui avoient désigné un successeur sans son aveu. Telle étoit la perspective de François III, lorsqu'il consentit à la cession de la Lorraine; son bonheur surmonta tous les obstacles. (Annales de l'empire. Mémoires manuscrits de Jean-Louis Bourcier. Recueils pour être déposés à la bibliothèque publique de l'académie de Nancy. Contrat de mariage du duc François III avec l'archiduchesse Marie-Thérèse).

(2) *Mémoire de M. Guinet*, avocat à Nancy, sous Charles VI, sur l'état et forme ancienne de la jurisprudence de Lorraine aux assises : manuscrit en original dans les recueils de feu l'abbé de Montureux, &c. à Nancy.

(3) *Serment du duc Nicolas d'Anjou aux chartes*, et en original dans la bibliothèque de feu monseigneur le prince Charles : « Nicolas d'Anjou, fils du roi de Jérusalem, &c. au nom de dieu, amen. Par le présent instrument appert à tous évidement que l'an de notre seigneur, courant quatorze cent soixante et onze........ c'est à l'entrée de la ville de Nancy, diocese de Toul, devers la porte dite des Craffes, au-devant delà la portiere d'icelle, en présence de moi notaire public..... fut constitué en propre personne très-haut, très-puissant prince monseigneur Nicolas, fils du roi de Jérusalem...... duc de Calabre, Bar et Lorraine...... seul fils naturel et légitime de feu, de glorieuse mémoire, le duc Jean, dernier trépassé.... accompagné de plusieurs et gens de son hôtel, d'une part, et grand nombre de nobles seigneurs et gens d'église, bourgeois et commun peuple dudit duché de Lorraine, qui étoient allé au-devant de mondit seigneur duc, pour le recevoir comme duc dudit duché, et l'accompagner à l'entrée de Nancy, comme il est de coutume, d'autre part. Noble messire Jacques de Lenoncourt, chevalier, baillif de Nancy, il présent, et parlant pour et en nom desdits nobles seigneurs et gens d'église, bourgeois et commun peuple dudit duché de Lorraine, adressa ces parolles à mondit seigneur le duc, dit et propose en être ce que en suit.

« *Monseigneur, très-redouté et souverain seigneur,*

vous plaît-il faire le serment et devoir que vos prédécesseurs, ducs de Lorraine, ont accoutumé de prêter et de faire de toute ancienneté à leur nouvelle réception à cette duché de Lorraine, et à leur première entrée en cette ville de Nancy? A quoi mondit seigneur répondit volontiers oui. Sur ce reprit, ledit messire Jacques, la parolle, et dit: Mondit redouté souverain seigneur, vous jurés et promettés donc loyaulement, et solemnellement, et en parole de prince; que vous garderés, maintiendrés et entretiendrés les trois états de cette votre duché; c'est à sçavoir les nobles, gens d'église, bourgeois et commun peuple, en leurs anciennes franchises, liberté et usages qu'ils ont eu de vosdits prédécesseurs, et de ce bailleré vos lettres, ainsi que iceux vos prédécesseurs ont fait lors.

« Et sur ce mondit seigneur répondit oui, vraiment oui. Dessus toutes lesquelles choses devant dites ledit messire Jacques de Lenoncourt pour ce et au nom que dessus a requis à moi notaire souscrit.... Jean-Claude, notaire. (En original dans la bibliothèque du prince Charles et ailleurs.) Au dos est écrit: « Pour noble messire Jacques de Lenoncourt, chevalier, bailli de Nancy, et furent faits et délivrés cinq instrumens des présentes. C'est à sçavoir trois pour messieurs les baillis de Nancy, Vosges et Allemagne; le quart pour monsieur le sénéchal en la duché, et le quint pour être mis ès mains du capitaine en la compagnie des archers, ou tel autre officier il plaira à monseigneur notre très-redouté seigneur et souverain. »

Serment de la noblesse.

« Au nom de dieu. Amen. Par le présent instrument appert à tous évidement que l'an de l'incarnation de notre seigneur, courant 1471 le 7 jour d'août, à environ les huit heures après midy .... à l'entrée de l'église de monseigneur St. Georges, en la ville de Nancy, diocese de Toul, et en devant de l'estrade qu'estoit faite à ce sur le seuil de ladite porte, en présence de moy notaire public .... fut constitué en propre personne, très haut et très puissant prince et seigneur, monsei-

gneur Nicolas... duc de Calabre, Bar et Lorraine...
accompaigné de plusieurs seigneurs et gens de son hôtel, et grand nombre de nobles seigneurs et gens d'église, bourgeois et commun peuple dudit duché de Lorraine, que l'ont conduit et accompaigné comme de coutume est au bruit et sonement des cloches, timbales, fifres et fanfares de la porte des Craffes audit Nancy, à celle de l'église de monseigneur St. Georges, au-devant de laquelle étant, monseigneur assis en un fauteuil de velour cramoisi, à cet effet dressé sur un tapis de point, guerdonné de frangemens et point d'or : étant mondit seigneur appuyé des coudes sur un petit autel qu'estoit en avant de luy, et couvert d'un brocart ès armes et pendants de la duché d'une part, et d'autre part, noble seigneur messire Jacques de Lenoncourt, chevaillier, baillif de Nancy, il présent et entourré de grand nombre nobles seigneurs et gens d'église, bourgeois et commun peuple dudit duché de Lorraine, ayant ses deux mains ès celles de monseigneur, adressa ces parolles à mondit seigneur duc : Monseigneur, très-redouté et souverain seigneur, vous ayant plû en votre entrée de notre ville de Nancy, faire le serment, et devoir que vos prédécesseurs ducs de Lorraine ont accoutumé de préter et faire de toute ancienneté à leur nouvelle réception à cette duché de Lorraine, vous plait-il recevoir, et que faisions en vos mains serment et devoir que nous de la noblesse en nom et personne, pour nous et seigneurs, gens d'église, vos bourgeois et commune, en vos pays de Lorraine, avons fait à feu, de glorieuse mémoire, monseigneur le duc Jean, que fut votre pere, et notre souverain seigneur et duc avant que vous fussiés ? A quoi mondit seigneur et duc a répondu : volontier ; oui, je reçois.... Sur ce ledit messire Jaques ayant mi son couvrechef ès mains de son paige, a de suite porté sa dextre à la pomelle de son espadon, et ce fait mis ses mains ès celles de monseigneur, et dit.... Monseigneur, très-redouté et souverain seigneur, vous jurons et promettons loyaulement, et solemnellement en foy de cette notre espadon et parolle de gentilhomme, pour nous, les nobles seigneurs, gens d'église, bourgeois et commun peuple

de votre duché de Lorraine, que vous serons bons et fidels sujets, et que vous défendrons envers et contre tous. A quoi répondit mondit seigneur: je reçois. Et tous présens, ont repondu: amen.

« Ce fait, monseigneur ayant sa dextre en la fenestre du seigneur messire Jaques, s'est acheminé à l'autel qu'étoit dressé en avant de l'escaillier que conduit au grand autel et fut présenté sur iceluy petit le livre du saint évangile de notre seigneur Jesus-Christ, par très-révérend pere en dieu, messire honoré seigneur Jean d'Harraucourt, prévôt de la chanoienie et collégiale de monseigneur St. George, et étoit ledit révérend pere en dieu en sa chape et acoutrement dus en telle rencontre à l'accompagnement de ses chanoines, chantres et gens de son chapitre en leur accoutrement, et adressa ledit Jean d'Harraucourt ces parolles à monseigneur: monseigneur, très-redouté et souverain seigneur, vous plait-il sur les saints livres de notre foi et évangiles, jurer ce qu'avez juré loyaulement et solemnellement en parole de prince, que vous garderés, meintiendérés et entretiendrés les trois états de cette votre duché, c'est à scavoir, les nobles, gens d'église, bourgeois et commun peuple en leurs anciennes franchises, liberté et usages qu'ils ont eu de vosdits prédécesseurs, et de ce baillerés vos lettres, ainci que iceux vos prédécesseurs ont fait lors? Et sur ce mondit seigneur duc répondit: j'ai juré vraiment, oui.

« Sur ce monsieur le prévôt a réparti: monsieur le bailli quettes ycy présent, avez promi pour vous, les nobles seigneurs, gens d'église, bourgeois et commun peuple de la duché, que seront tous bons et fidels sujets, et deffendront monseigneur, notre très-redouté seigneur duc, envers et contre tous, tant que sera. A quoi messire Jacques a répondu: avons juré et jurons vraiment oui; et tous présens ont repondu amen. Sur ce les fanfares ont joué »....(Copie d'un vidimus en parchemin, dans la bibliothèque de feu S. A. R. monseigneur le prince Charles, et dans celle de feu M. Dordelu, à Nancy.

(4) *Mémoire à messieurs de la noblesse, de s'informer et pour faire escrire des lettres à ceux auxquels il*

est convenable pour les états qu'on va tenir 1520......
Liasse Q, piece 67, recueil à déposer.

(5) Procès-verbal des états du premier mars 1594, imprimé à la suite des coutumes de Lorraine.

(6) Au trésor des chartres, et dans les bibliothèques de feu S. A. R. monseigneur le prince Charles, et de l'académie de Nancy. Recueil A.

(7) Voyez les histoires de Lorraine et la lettre d'un gentilhomme lorrain à un prince allemand. Etats, droits, usages en Lorraine.

(8) Recueil B., bibliothèque de l'académie.

(9) Bonne et grande partie des ecclésiastiques, et « vassaux de Lorraine et Barrois et notamment des « bailliages de Nancy, Vosges et Allemagne convo- « qués en ce lieu à notre mandement du 12 de ce mois.» Ordonnance du 16 septembre 1594.... Voyez encore des patentes du 12 septembre 1579 à la suite de la coutume de Bar.

(10) « A nous messire Réné de Florainville...bailli furent présentées par maître le Marlorat...procureur-général.... certaines patentes de notre souverain seigneur». Lettre de convocation, 13 septembre 1579, coutume de Bar.

(11) « Au premier sergent dudit bailliage sur ce requis...nous vous commettons par ces présentes que à la requête du procureur général, &c... mandement de M. de Florainville 15 septembre 1579; coutume de Bar.

(12) Procès-verbal de la coutume de Saint-Mihiel 1571.

(13) 8 décembre, 1569, du Châtelet.

(14) En minute de la main du primat (Antoine de Lenoncourt dans les papiers de cette maison.

(15) Les prélats sont les prieurs de Flavigny, de Lay les abbés de Chaumouzey, Senones, Belchamp, Etival, Lunéville ; le prieur du Breuil, le grand prévôt de saint Georges, et le chancelier de l'église de Remiremont. Presque tous les gentilshommes sont de l'ancienne chevalerie.

(16) Voyez dissertation sur l'ancienne chevalerie et les registres de foi et hommages à la chambre des comptes. Les hauts justiciers, qui ne sont de l'ancienne chevalerie passent 500.

(17) *En original signé Charles, à la suite des mémoires de Louis et Elizé de Harraucourt, que j'ai envoyé à monseigneur le prince Charles, à Bruxelles, en 1772.*

(18) *Original. Rec. C, bibliothèque de l'académie.*

(19) *Procès-verbaux du Barrois et Bassigni à la suite de leurs coutumes, et celui du Clermontois en copie authentique dans mes recueils sur la noblesse lorraine, numéro C.*

20) *Mémoires de Guinet.... procès-verbaux des coutumes.*

(21) *Mémoires de Guinet.*

(22) *Articles accordés par S. A. aux états de 1619. Liasse N, recueils à déposer.*

23) *Procès-verbal de Bar.*

(24) *Elle fut long-temps connue sous le nom de salle des cerfs, puis de bibliothèque de l'académie, et est en 1788 un pavillon d'officiers.*

(25 *Mémoires de Guinet, harangues à l'ouverture des états dans plusieurs bibliothèques.*

(26) *Liasse P, recueils à déposer.*

(27) *Copie authentique du résultat d'état, du 11 avril 1662. R. C, bibliothèque de l'académie.*

(28 *Liasse N, recueils à déposer. Remontrances à S. A. en 1619; il y est dit:* « *ils ont ensuite dénommé pour les ecclésiastiques le sieur Primat, et pour la noblesse le sieur de Raigecourt, pour recevoir tous papiers et requêtes qui se donneront au présent état, afin de les représenter ci-après en iceux.*

29) *Voyez les griefs en minutes, copies ou projets, dans les différentes bibliothèques lorraines.*

30) *Mémoires de Guinet.*

(31) *Procès-verbal du 28 avril 1620....* « *Ce jourd'hui 28 jour... messieurs.... de Bourbonne, abbé de la Chalade, de Tantonville, coadjuteur de St. Diez, de Beauveau, sénéchal du Barrois, et d'Ancerville, conseiller d'état de son altesse, lui ont remontré... qu'ayant été choisis et députés par l'état pour poursuivre la réponse et radresse sur les griefs.... ils se seroient exprès acheminé pour y vaquer et en communiquer avec tels des sieurs de son conseil qu'il lui plai-*

roit commetre de sa part.... elle auroit donné une commission à cet effet sur les personnes des sieurs Bardin et Baillivi, conseiller d'état... tout besogné ci-dessus ayant été de rechef vu... Fait en la petite chancellerie de l'hôtel de ladite altesse.

32) Voyez ces griefs, liasse L, recueil à déposer, et recueil C. bibliothéque de l'académie.

33) Procès-verbal des coutumes de Lorraine 1594, et des assises 1622, 1623, &c.

(34) Dans cet acte, un Renauld du Châtelet se trouve nommé le second, et est suivi de messieurs de Savigny, de Puligny, de Lenoncourt, &c. Errard du Châtelet, se trouve après ceux-ci, au neuvieme rang : deux autres Puligny, sont au treizieme et quatorzieme.... Un Varry de Savigny est le cinquieme de cette assemblée tandis que Villaume Ferri et Jacques, de la même maison, sont au dix-neuvieme, vingtieme, vingt-unieme rangs. Un Lenoncourt occupe le septieme rang, un autre le vingt-troisieme, et deux les trente-cinquieme et trente-sixieme.

(35) Voyez entr'autres les états cités du Clermontois, 23 octobre 1571.

(36 Histoire d'Allemagne, an. 870, 938, 1003.

(37) Lettre d'un gentilhomme lorrain à un prince allemand.

(38) 13 décembre 1425, acte pour la succession au duché de Lorraine. Original à la bibliothéque de feu monseigneur le prince Charles, au trésor des chartres, &c.

(39 Mém. de Florentin Thieriat, en originaux chez feu M. Willemin, chanoine à Nancy, et par extrait à la bibliothéque de l'académie.

(40) Trésor des chartres.... Testament de René II, Léonard Bourcier, de la nature du duché de Lorraine.

(41) Histoire de Lorraine.... Dissertation sur l'ancienne chevalerie.

42). Archives de Lorraine. Layette, rançon du duc René.

43) Requête des états à S. A., de la main de M. de Savigny. Liasse O rec. à déposer.

(44) Minute des propositions de S. A. aux états de 1621

1621. *Même R. On y voit que les états nommerent des députés pour aller remercier S. A. de sa déférence à leurs avis* « *telles propositions faites lesdits états ont député de la part du clergé les sieurs primat, abbé de Chaumousey et doyen de la primatiale ; et de la part de la noblesse les sieurs de Créhange, bailli d'Allemagne, de Lenoncourt, sieur de Gondreville et de ...... gouverneur de Nancy, pour de la part des états remercier S. A. de l'assurance qu'il lui a plû leurs donner de se contenir au bien et soulagement de ses sujets.*

(45) « *En l'état l'an 1306, sur ce que furent faites meintes et meintes plaintes que filles de gentilshommes épousoient ignobles ; ce qu'avoient ja fait certaines veuves enclaines à paillarder, et fut à ce sujet dit que veuve ou fille de gentilhomme, qui épousera ignoble perdra privileges, rang et noblesse. Que si sont deux filles de nobles qu'héritent, de pere, mere, ou autre que soit, et qu'une d'icelle print par mariage mari que soit roturier et ignoble, fiefs, si aucuns sont, seront à celle qu'aura homme de son rang en légitime mariage* ». (Mém. de Florentin Thieriat).

(46) « *Que les dits ne devront prendre créant, obligation, ne autres, hors heures, et que en lieu propre et honnête, à sçavoir que entre soleil levé et soleil couchant, et en lieu sur de bruit, ne fera de tintemens, batteries et cloches, ne en assemblées de gens en foire et marché ou autres, tellement que les parties ne pouvent dire n'être entendu, ny commettre faute, barat, ne mal engin* ». (Ibidem et dans les coupures de Bournon, par extrait à la bibliothèque de l'académie.

(47 « *Que fille ou sœur de gentilhomme, qui prendra mari contre le gré et volonté de son pere ou frere, sera réputé n'être de la famille, et n'aura prétention ès biens, en venant, voir même en légitime que pouvoit espérer.*

« *Qu'ès salines de Rozieres, sera pris le sel pour la maison de monseigneur avant tous autres, et en suivant pour messieurs les baillifs de Nancy et de Vosges, que ledit sel sera vendu à tous sec, et non humide, à peine au salineur de 10 francs par muid.* — *Que le salineur qui frauduleusement vendra ou portera le sel* à son compte, sera battu de verges ». (Bournon dans ses coupures.

(48) Bournon dans ses coupures.

(49) « Notre souverain seigneur ne doit retenir, deffendre, recourre ou réclamer en corps ou en bien contre la volonté de leurs droits seigneurs, ceux qui seront de serve condition et de poursuite, ny ceux qui seront de ses fiefs ou arriere-fiefs et ancienne garde héritable. Le réciproque se devra pratiquer par lesdits seigneurs, pour le regard de ceux qui appartiendront à notre souverain seigneur, sauf toutes fois le droit des entrecorx et contremans de bourgeoisie et commandise de la ville et chansée de Rosieres, en laquelle toute maniere de gens qui y voudront venir être bourgeois de contremans, et y loger, pour y demeurer, y seront reçus et retenus pour leurs corps et biens, sauf garder, deffendre, recourre et réclamer vers tous et contre tous, jusqu'à droit, par la forme et maniere qu'il a été usé et accoutumé d'ancieneté, aincy comme semblablement on le veut et le peut faire des gens déforains et autres bonnes villes de ce duché, pourvu toutes fois que cela ne se fasse contre les droits seigneuriaux de personne ». (Manuel de messieurs de la noblesse aux assises pour monsieur de Lutzelbourg, en original, chez feu S. A. R. monseigneur le prince Charles, et en copies dans quelques bibliothèques lorraines. — Mémoire du procureur-général Remy, chez monsieur Raulin de Sommervillers, à Nancy. — Bournon, procureur-général, dans ses coupures).

(50) « Que celuy qui sciemment aura arraché borne, seroit puni du fouët, et marqué d'un fer chaud sur les épaules, puis banni à perpétuité, sous peine de la hart; et si seigneurs de fiefs ou touts autres messieurs de la noblesse, que peut n'être espéré, faisoit pareil méfait, seroit à tousjours mais en l'indignation de monseigneur, et ne pouroit onc approcher de lieu où tiendra sa cour ». Coupures de Bournon.

(51) Mémoire contre les prétentions du change. Liasse E, recueil à déposer.

(52) Griefs généraux des états présentés le 6 mars 1607. Liasse L, recueil à déposer.

(53) « Sous le 15 may 1466, une déclaration du duc

Jean, en faveur de l'abbé de St. Martin, à l'occasion d'une aide accordée par les ordres des clercs et de la noblesse, de ne se jacter à l'advenir ny luy, ny ses successeurs. » Notes originales du baron de Fournier, de Maxeville, conseiller d'état de Léopold.

(54) *Extrait des jugemens des assises de Nancy, contre les filles de gentilshommes qui veuillent hériter en ligne collatérale, 1570, 1574, 1536, 1481, 1478. Liasse H, recueils à déposer.*

(55) « Qu'il est vrai que lesdits aparéatis avoir été statué en lesdits états de l'an 1519. » Minute originale des articles proposés par messieurs de Bassompiere et du Buchet...., dont est réponse. Recueil C, à la bibliothèque de l'académie.

(56) *Manuel de messieurs de la noblesse aux assises.*

(57) « A peine d'emprisonnement, tant contre ceux qui l'auront fait, que contre ceux qui les auront assisté, conseillé et favorisé, et de punition exemplaire, et de demeurer en prison jusqu'à ce que le tout aura été révoqué et tenu pour nul ». Manuel de messieurs de la noblesse aux assises.

(58) *Mémoires de Florentin Thieriat.*

(59) *Extraits des résultats des états de 1529, &c. R. C, à la bibliothèque de l'académie, et manuel de messieurs de la noblesse, où on lit :*

« Ceux du 6 août 1519, disent les gens d'église, ceux de l'ancienne chevalerie et gentilshommes, vassaux de S. A., seront exemps du passage fredau et nouveaux impôts, pour ce qui sera de leur cru et concru, et de fruit, pourvu qu'il ne s'y comette aucune fraude et déception de leur part...., sans quoi.... ils seroient privés de ce bénéfice et privilege ».

(60) *Manuel de messieurs de la noblesse aux assises.*

(61) *Ibidem, et dans les résultats d'états par extraits à la bibliothèque de l'académie. Rec. C.*

(62) *Minute de la réponse faite à S. A., pour le fait des députés des états, pour la levée des deniers. Liasse K, recueil à déposer.*

(63) *20 février 1690. Pouvoir donné par les députés des états, à monsieur de Humbert, conseiller d'état, pour la distribution et perception de l'aide. Liasse K.*

(64) *Décision des questions sur ceux qui doivent être exempts. Liasse K, recueil à déposer.*

65) *Minute des promesses de S. A. aux états de 1592, de la main de monsieur le primat de Lenoncourt. Liasse K, ibidem.*

(66) *Registres de Mirecourt.*

(67) *Résultats d'états. R. C, bibliothéque de l'académie, et liasse B, recueil à déposer.*

(68 *Résultat des états tenus à Nancy, 10 mars 1599. Liasse K, recueil à déposer.*

Les commissaires nommés pour reviser les recettes furent pour le bailliage de Nancy.

A Nancy et Chaligny, le prieur de Lay. —— A St. Nicolas, Rozieres, le sieur de Liseras. —— Einville et Lunéville, monsieur de Harraucourt de Hadonville. —— St. Diez, Raon, Val de Liepvre, St. Hypolite, monsieur de Reynette, prévôt de St. Diez. —— Preny, Condé, l'Avant-Garde, Pont-à-Mousson, monsieur de Bouvigny. —— Amance, monsieur de Tillon. —— Le Châtelet, Châtenoy, Neufchâteau, monsieur de Gironcourt.

Bailliage de Vosges.

Mirecourt, Remoncourt, Charmes, monsieur de St. Mange. —— *Arches, Bruyere,* l'abbé de Chaumouzey. —— *Dompaire, Valfroicourt, Darney,* l'abbé de Bonfay.

Bailliage d'Allemagne.

Marsal, Dieuse, monsieur de Guermange. —— *Albe, Saarguemine, Putlange, Forbach, Bitch, Limbourg,* monsieur de Raigecourt. —— *Subguer,* l'abbé de Bouzonville. —— *Valdevrange, Boulay, Belrain, Sirsberg et Svalsbourg,* monsieur d'Harraucourt d'Acreigne. —— *Saarbourg, Sareck, Phaltzbourg,* l'abbé de Dompevre. —— Le comté de *Vaudémont,* monsieur de Dompmartin. —— *Epinal et Hatton-Châtel,* le sieur d'Aviller. —— *Blamont, de Neuvre,* monsieur de Barbey pere. —— *Clermont et Varenne-lès-Montignons,* monsieur de Nubécourt.

Le Barrois.

Bar, monsieur le bailli de Saint-Mihiel.

Le Bassigni.

La Mothe, Bourmont, Gondrecourt, le sieur de Vrecourt.
Bailliage de Saint-Mihiel.

St. Mihiel, le sieur de Thessiere. — *Etain, Briey, le sieur de Vatronville.* — *Mandre-aux-quatre-tours, Boucconville, la Chaussée, monsieur de St. Baussant.* — *Conflans en Jarnisy, Norroy-le-sec, le sieur de Gournay de Friauville.* — *Stenay, Dun, Jametz, le sieur d'Erne.* — *Longwy, Longuyon, Sancy, le sieur de Tilly.*

(69) *Résultat des états de 1600, 1601, &c. Liasse L, recueils à déposer.*

(70) *Remontrances faites aux états de 1605. Liasse L.*

(71) *Résultats d'états. R. C, bibliothèque de l'académie.*

(72) *Griefs proposés aux états de 1607, et arrêtés à ceux de 1601. Liasse L, et R. C à la bibliothèque de l'académie.*

(73) *Griefs du tiers aux états du 11 avril 1611. Liasse L, recueils à déposer.*

(74) *Résultats d'états. R. C à la bibliothèque de l'académie.*

(75) *Minute des articles accordés par S. A. aux états de 1614. Liasse M, recueils à déposer.*

(76) *Résultats des états, 10 décembre 1615. Liasse M.*

(77) *Remontrances du peuple et du clergé aux états de 1617. Liasse M, recueils à déposer.*

(78) *Remontrances à S. A., au sujet de l'impôt pour Nommeny. Liasse R, 1619.*

(79) *Résultats des états de 1619. R. C, bibliothèque de Nancy.*

(80) Procès-verbal du 28 avril 1620, de la discussion par commissaire des griefs proposés par les états. Liasse O, recueils à déposer.

(81) Objets proposés à l'examen des commissaires 1621. Liasse O.

(82) Résultats des états de 1622. R. C, bibliothèque de l'académie.

(83) Résultats des états de 1626, et griefs. Liasse P, recueils à déposer.

(84) Trois gros pour radiation de contrats au-dessous de 200 francs, neuf pour ceux au-dessous de 500 et dix-huit pour ceux au-dessus. Griefs de 1626. Liasse P.

(85) Minute des articles à proposer à S. A. 1629. Liasse P. —— Résultats d'états. R. C à l'académie.

(86) Mémoire de Guinet. —— Lettre d'un gentilhomme lorrain à un prince allemand.

(87) Voyez note 49.

(88) Minute de cet acte. Liasse Q.

(89) Plainte contre les seigneurs assistans aux assises, qui ont accordé levée de deniers au duc. Liasse P, recueils à déposer.

(90) Articles proposés à S. A. aux états de 1629. Liasse P. —— Résultat d'états. R. C à l'académie de Nancy.

(91) Loi allemande, d'après le manuscrit de l'abbaye de Fuld, sous le titre originum ac germanicarum antiquitatum, libri leges scilicet, &c. 1472.

(92) Lettres de confirmation des privilèges de l'ancienne chevalerie, au trésor des chartres, et dans le R. C, à la bibliothèque de l'académie, &c.

(93) Dans les recueils de monsieur Dordelu, et dans la conférence des coutumes de Lorraine.

(94) Au district de Boulay.

(95) Nous venons d'avoir la satisfaction de voir qu'en formant ce vœu, en provoquant celui du district de Boulay, nos vues sont à peu de chose près les mêmes que celles des districts de Pont-à-Mousson et de Nancy, qui viennent de nous faire passer la note de leur motion sur cet objet.

www.ingramcontent.com/pod-product-compliance
Lightning Source LLC
LaVergne TN
LVHW020045090426
835510LV00040B/1420